Reflexiona...
UN DÍA A LA VEZ.

CHRISTIAN CANDELAS

2

Dedicatoria

A Dios, que me permitió escribir este libro y estas líneas para poder expresar su amor, va este libro. ¡Te amo Papá!

A toda esa gente maravillosa que le gusta reflexionar y ver la vida de manera positiva, mi cariño y admiración. A los que no se cansan de aprender y ser mejores personas va este puño de letras y pensamientos.

La acción de reflexionar tiene efectos duales: te hace ver la vida con mayor ímpetu, tesón y ánimo, también te hará eliminar todo aquello que te hace daño e impide que progreses.

REFLEXIONA, siempre saldrás ganando.

Christian Candelas

Maestro, autor y, ahora, tu amigo.

Prólogo

Debo comenzar resaltando el principio del libro, el pensamiento. Más del 80% de nuestros pensamientos diarios, lamentablemente, son negativos. Cuando se habla del enemigo y del campo de batalla, constantemente se repite que está en nuestra mente. Entonces, ¿por qué no invitarnos a pensar? Christian lo plasma en el papel y te confronta con la lectura, como frente a un espejo, con tus pensamientos.

Me encanta la manera en la cual Christian comienza señalando que realmente no luchamos, sino que lo dejamos pasar y con eso reconocemos que la resistencia viene en primer lugar con el cambio, y este incomoda (pero su resistencia es peor); en segundo lugar, contra la inercia y por eso, genera una diferencia entre luchar CONTRA algo en vez de POR algo. Entonces, si la mayoría de las luchas se dan en nuestros pensamientos y mayormente contra nuestro propósito y potencial, cómo no reconocer que este trabajo ayudará a inspirar y redirigir aquello que hacemos.

La resiliencia, el perdón, la misericordia, la familia y tantos otros temas tan importantes que expone Christian definitivamente tienen una gran virtud: el amor de su autor. Christian tiene algo especial, que hace posible que este libro sea aún de más ayuda. Estás ante las páginas escritas por un maestro y un eterno estudiante, y lo que es mejor, por un corazón que busca a Dios sobre todas las cosas.

Este libro produce paz, confronta y el Espíritu Santo se pasea entre sus páginas, algo, alguien, parte de la trinidad, que también se te ha dado a ti para guiarte. Cuando Christian escribe, activa el don de maestro y junto a eso que tú también tienes en tu interior (el Espíritu Santo), si lo dejas fluir, se activa. Para leer este libro hay que hacerlo como una hoja en blanco que está lista para recibir vida a través de las letras. Mi exhortación es que uses los pensamientos como una guía para generar los tuyos sobre estos temas.

Conozco a Christian como un promotor de paz y es un generador de cambios, pero creo que este libro no solo es una extensión de él, plasmado en el tiempo, sino que puede ayudarte a generar tu propia libreta de reflexiones. Esto es un ejemplo de lo que pasa cuando buscas sabiduría. Parafraseando la reflexión sobre el concepto de reflexionar, la realidad es que el libre albedrío es una libertad porque nos da poder decisional. Entonces, para tomar decisiones, debemos aplicar no solo el conocimiento (intelectual), sino la sabiduría (con base en lo espiritual) para poder encaminarnos a nuestro destino. Así que, analiza y reflexiona con todos los argumentos naturales y sobrenaturales, pero camina sabiendo cuál será el resultado final, porque no controlamos la vida. Entonces, la mejor manera de vivir es pasando por los procesos y preguntándonos, no por qué, sino para qué.

Este libro te ayudará a tener ese enfoque. Léelo, guárdalo y/o regálalo, pero no dejes pasar la oportunidad de inspirarte a escribir tu propia historia de reflexión, tu proceso.

Christian aquí solo ha hecho honor a su apellido, ha encendido el fuego de la sabiduría a la que tú también tienes poder, pero por si no lo crees todavía te da el empujoncito a ver la vida de otra manera, y esa es la virtud mayor de este libro.

Dra. Ada Álvarez Conde

Agradecimientos

Pienso que la acción de agradecer es tan necesaria e importante que no podía pasar de teclear esta página. Hubo tantas personas bonitas que estuvieron conmigo en este proceso que es imposible agradecer a todos, pero aquí van estas palabras de agradecimiento.

Gracias a mi mamá y mi papá por darme la vida, por apoyarme a realizar este sueño en oración y ánimo, ¡los amo!

Ada, fuiste la primera persona en saber que entraría en este proceso de escritura. Gracias por escribir tan maravilloso prólogo. Eres de estas personas que se vuelven hermanos, valoro tu amistad.

Gracias a mi editora, Amneris, por inspirarme a escribir estas líneas y ayudarme a decir mejor mis ideas y pensamientos.

Gracias a mis amistades, que siempre me preguntaban y animaban a continuar este sueño, ¡los amo!

Contenido

Diviértete recordando···

Antes de comenzar a reflexionar te invito a leer los siguientes refranes puertorriqueños. Si eres puertorriqueño puedo asegurar que los has escuchado en algún momento de tu vida.

Como verás a continuación, me gusta reflexionar de cada cosa que vivo y conozco. Es una acción bastante necesaria, aunque no era habitual en mí. Sin embargo, pienso que la vida misma y Dios nos van dando oportunidades para que incursionemos en esta práctica tan hermosa.

Por otra parte, quería comenzar con algo más llevadero y suave, antes de ir a las reflexiones más profundas. Recuerdo que cuando era pequeño siempre le preguntaba a mi abuela paterna por qué la gente decía esos refranes que a mi entender no tenían sentido. Un verano, cuando tenía alrededor de 13 años, estaba de vacaciones en casa de mi abuela y hablábamos de un tema que ahora no recuerdo, de repente ella dijo un refrán de manera muy efusiva. Con asombro le dije: "abuela y eso que dijiste, no entendí bien". Ella, risueña y amorosa, me contestó: "un refrán, amado nieto". Y yo: "¿un qué... un flan?" Me dijo: "no payasees, un refrán, son frases populares que surgen a raíz de una enseñanza. Te dice algo a mejorar o fundamenta una enseñanza en medio de un problema que hayas tenido". Emocionado dije: "dime más que me dio curiosidad".

Aquí va el primero:

1. **"Cuando el río suena, es porque agua trae"**. Cuando escuché eso por primera vez, pensé "bueno, claro, el agua siempre hace ruido o sea es natural y normal". Sin embargo, comprendí que esa simple expresión significa mucho más. Mi abuela, de manera natural y sin analizar mucho, me dijo que cuando se habla específico de algo o alguien, es porque hay algo más. Que no todo lo que se dice por ahí son puros chismes o rumores, que hay cosas que son ciertas. Vaya forma de decirlo tan cultural y coloquial.

2. **"A buen entendedor, pocas palabras basta"**. Ya saben lo que pensé cuando escuché esto, ¿verdad? Yo dije "pero si los mudos no hablan como que, a buen entendedor, pocas palabras bastan". Te pido de favor que no le busques lógica, porque sé que no la tiene. Era pequeño y quise hacerme el sabiondo con el comentario, pero me salió súper mal, lo sé. Mi abuela con su sabiduría inigualable me dijo: "cuando tú le pides algo a tu mamá y se queda callada, ¿qué tú entiendes?" Yo dije

de manera inmediata: "pues, que no me lo quiere comprar". Mi abuela, con todo su amor y celebrando mi respuesta, me dijo: exactamente nene... Entendí que a veces no tienes que hablar para dejar claro lo que piensas.

Sabrás que se acabó la sección de los refranes con mi abuela porque su paciencia no era mucha y estaba agotada mentalmente de escuchar mis discursos de aprendizaje.

Al otro día, mi abuela amaneció mejor y con más ánimos de seguir enseñándome refranes. Muy contento le pregunté: "abuela, ¿cuándo comenzamos la sección de refranes? Ella me dijo, con una sabiduría que para mí es casi inexplicable, pero muy efusiva: "nieto, la vida misma y Dios te permitirán aprender más refranes y te aseguro que ese aprendizaje tendrá más peso que los refranes que te pueda decir ahora. Mejor enfoquémonos en disfrutar tus vacaciones y permíteme a mí también disfrutar, ¿te parece?"

"Bueno abuela, está bien. Realmente quería aprender más refranes, pero sé que puedo esperar a que la vida misma me los enseñe", le contesté.

"Si nieto, no nos apuremos por nada, recuerda que lo más importante de la vida es disfrutar de cada momento y este momento, no se vuelve a repetir.

Ya te llegará el momento de experimentar cada refrán, como me llegó a mí", me explicó.

No te puedo prometer que este libro te va a encantar, pero sí te puedo prometer que, sin duda alguna, aprenderás y adquirirás este hábito saludable de reflexionar.

Introducción

Si no podemos reflexionar... para qué estamos en esta vida, ¿no es cierto? Hay muchas tareas diarias que podemos realizar, algunas son divertidas y otras no (correr, brincar, cocinar, quehaceres hogareños, etc.), pero debemos sacar tiempo para reflexionar, es parte esencial de nuestro vivir. La realidad es que la parte reflexiva en mí no estaba tan arraigada, lo hacía únicamente cuando era necesario; como por ejemplo, para tomar un examen.

Cuando tenía conversaciones con amistades, simplemente divulgaba información, sin cerciorarme de que fuera cierta. Decía lo que me parecía correcto y lo que pensaba que era la "verdad". Es una paradoja porque, aunque no era muy reflexivo, siempre he sido bien "nerd", me gusta estudiar, investigar y saber el porqué de las cosas. Por lo regular, las personas que les gusta estudiar suelen ser bastante reflexivas, ya que una cosa va de la mano con la otra, sin embargo, no era mi caso. Muchas veces era de las personas que decía lo que pensaba, fuera contribuyente o no, lo despepitaba sin darle importancia a las opiniones de los demás.

Era de las personas, como dicen por ahí de manera coloquial, "sin corazón", ya que decía lo que me daba la gana, porque tenía derecho a expresarme, invalidando, la mayoría de las veces, la expresión de las otras personas. Pensaba así, hasta que lo más grande pasó, algo nunca vivido ni experimentado, eso que veía lejos y pensaba que mi generación no viviría: el Huracán María (Puerto Rico, 20 de septiembre de 2017). Ese huracán fue una gran lección vivida en todos los ámbitos (laboral, emocional, familiar, social, psicológico), básicamente defino mi vida antes y después de María. Marcó un precedente, hizo historia y lamentablemente, aún hay personas viviendo sin servicio de agua potable, luz o un techo seguro. Ya casi estábamos reponiéndonos de este macabro y temible huracán, cuando llegó el año 2020 para seguir sorprendiéndonos. ¿Cómo no recordar aquel jamaqueón (terremoto) del 7 de enero a las 4:35 a.m. cuando aún estábamos disfrutando los regalos recibidos el Día de los Reyes Magos? Nos vimos vulnerables, desesperados y pensando cómo iba a ser ese año que apenas comenzaba.

No obstante, con eso, el 16 de marzo anunciaron oficialmente que la pandemia del Covid-19 había llegado a nuestra isla del encanto, Puerto Rico, y desde ese día, nada fue igual. Nos encerraron de manera forzosa, nuestra vida había cambiado y no estábamos preparados. Fue de repente, aún con la ilusión de que fuera un gran año, la vida nos dio un giro y debíamos enfrentarlo. En lo personal, el año 2020, fue una invitación a la reflexión de diferentes tópicos que realizamos a diario, de analizar la vida de manera genuina, y aún lo sigue siendo. Te invito a que leas estas reflexiones que salen de mi experiencia corta de vida y analices la tuya, al igual que yo lo hice. Bendiciones, ¡qué comience nuestra aventura reflexiva!

Ardemos

Pienso a diario lo siguiente
¿Cómo hemos seguido?
¿Qué nos impulsa a persistir?
¿Qué nos motiva a ser mejores?

¿Por seguridad, por obligación?
¿Por amor, venganza, odio?
Nada de esto es, simplemente...
Nuestro fundamento, nuestro ser.

Seguimos luchando y ardiendo.
Ardemos por justicia, amor y respeto.
Ardemos por la esperanza y la bondad.
Ardemos por un mejor país y no jugamos.

Un cambio es posible, si hay entrega.
Un cambio es posible, si hay lucha.
Nada viene de la nada.
Todo es lucha y todo es entrega.

Reflexión del autor:

No luchamos con nada ni con nadie. Acepta la diferencia y empodérate de todo lo bueno y honroso para tu vida. Lucha con lo bueno que te hace crecer y ser mejor persona, no con lo que te destruye y te aleja de tu propósito de vida.

Nuestra lucha debe ser por alcanzar la justicia, la paz y el poder ser mejores personas. No debemos luchar con los demás y lo efímero de la vida, sino con lo eterno, esto nos hace mejores.

Provocar contienda con los demás y con nosotros mismos nos hace frenarnos y estancarnos en nuestro propio juicio y argumento.

El poder luchar por lo que queremos y aportar a los demás nos coloca en una posición privilegiada, nos da firmeza, nos hace grandes porque Dios habita en nosotros.

Reflexiona en esto…

¿Por qué quiero pelear con alguien para que cambie de opinión u argumento? ¿Por qué quiero, de manera atropellada e incisiva, que la otra persona cambie sin escucharlo, sin saber su opinión?

Como ya comenté al principio, nuestra lucha es con nosotros mismos, no con los demás… ojalá y algún día logremos entenderlo.

Perdona

Tantos problemas, tanto revolú.
Luchar para seguir igual.
Accionar y no ver resultados.
Pero ya basta, ¡ya no más!

Hemos pasado tanto.
De nosotros está perdonar.
Tenemos que ser intencionales.
Debemos ser prácticos y mejorar.

Nuestra lucha no tendrá fin.
A diario luchamos con perdonar.
Corremos por desistir,
paradójicamente persistimos.

El perdonar libera.
El perdonar es una decisión.
Opta por perdonar y olvidar.
Libérate y sigue perseverando.

Reflexión del autor:

¿Por qué perdonar? ¿Para que el otro vea mi debilidad, porque yo y no él fue quien causó mi herida? Tantas preguntas que invaden nuestra mente al momento de otorgar perdón. Esperamos siempre a que el otro accione y no nos damos la oportunidad de sanar y experimentar la maravilla del perdón. Te animo a que si no has perdonado, porque sientes que te hirieron y esperas a que el otro te pida perdón, no desaproveches tu mejor oportunidad. Perdona, aunque otro te haya herido, sentirás que nadie te debe nada. Es un proceso difícil, pero persiste hasta el final y decide hacerlo, aunque creas que es injusto. El mejor ejemplo del perdón es Jesús (mi amigo). A Él lo crucificaron como si fuera la peor persona que hubiese pisado esta tierra, cuando fue todo lo opuesto. Él vino a darnos la oportunidad de vivir en gracia y amor, aun así, murió por nosotros sin haber cometido delito alguno, sin ser una mala persona. Estando en la cruz desangrado y punto de fallecer, dijo a voz en cuello: "Padre, perdónalos, porque no saben lo que hacen…" Esa declaración le dio el poder a Jesús de perdonar a esas personas y pasar ese trago amargo. Date la oportunidad de ver el perdón como una cura esperanzadora, no como un tormento. Te liberarás de una carga pesada, hasta sentirás que vuelves a respirar.

Vida

Vida, que te quiero vida.
Cuánto me has enseñado.
Cuánto te he disfrutado.
Cuánto he aprendido de ti.

Cuántos triunfos, cuántas derrotas.
Tantas luchas, tantas alegrías.
Tantas angustias que han sido maestras.
Tantas vivencias alocadas empedernidas.

Decido apreciarte con cariño y esmero.
Asumirte con valentía y gallardía.
Porque hay un motor que no falla.
Una persona llamada Dios que cuida y protege.

Reflexión del autor:

¿Cuántas veces hemos pasado de desistir de un maravilloso regalo? ¿De un regalo inmerecido sabiendo que no todos logran tenerlo? Este maravilloso regalo se llama vida y que egoístas podemos llegar a ser al pensar en desistir del mismo, ¿no?

Aprovecha cada instante para amar, hablar y reír. Cada momento es un regalo, aun cuando ese sabor agridulce toca la puerta de manera inesperada. No te dejes quitar el gozo de disfrutar la vida, incluso, en momentos de atropello o dificultad. Dios te dio la oportunidad de vivir al máximo esta vida; es una, ¡aprovéchala!

Aprovecha cada sinsabor de la vida y aprende, construye y alégrate en saber que estás viviendo y no sobreviviendo. Si me preguntas cómo vivía la vida, la vivía rutinaria y aburrida. Veía que estaba cumpliendo y haciendo, pero con poca motivación y cero gozo. Me cuestionaba por qué no todo podía ser felicidad, por qué cuando estaba en mi mejor momento alguna situación manchaba mi alegría y motivación. Hasta que aprendí dónde estaba el secreto de la vida. Una actriz puertorriqueña llamada Alba Nidia Díaz dijo el secreto de la vida en una entrevista: "La vida es eso, ese contraste entre la risa y el llanto". Ella hizo una alusión a que ella veía el teatro como la vida misma. Eso carcomió mi mente de una manera increíble y desde ese momento vi que los momentos amargos hacen falta para poder darle un tono y un sabor a la vida y sus experiencias. Desde ese momento me dije, Christian, acepta la incertidumbre y verás cómo todo cambia, tu actitud, tu mente, tus motivaciones, todo.

Agradece, ama, ríe, baila y goza... estos verbos maravillosos te sacarán del aprieto cuando la vida se torne gris y difícil.

Resiliencia

Que palabra tan difícil de residir.
Debemos vivirla y demostrarla.
Que días tan resilientes aquellos.
No sabíamos por dónde seguía la vida.

Buscando "estabilidad", la hallamos.
Fue allí, debajo de los escombros,
allí, sin luz y con los mosquitos a flor de piel.

Comprendimos que en las vivencias
es donde se encuentra la enseñanza.
Que la resiliencia se practica a diario.
Se elige vivir, no se obliga.

Entendimos que hoy somos más fuertes.
Que la dificultad no nos derribó.
Concebimos que menos es más.
Que la resiliencia siempre es una opción.

Reflexión del autor:

Los puertorriqueños somos expertos en el tema de la resiliencia, no obstante, seguiremos aprendiendo. ¿Cómo olvidar aquellos días de incertidumbre, donde en una situación tan vil, nos vieron la cara y se burlaron de nosotros? No sabíamos cómo iba a seguir la vida ni dónde comenzar, luego de ese desastroso y maquiavélico desastre natural llamado María. Cada día nos levantábamos con la esperanza de encender el interruptor de la luz y que el resplandor saliera y acaparara todo nuestro hogar, sin embargo, por mucho tiempo no fue así. Una mueca de rabia e impotencia se nos dibujaba en nuestro rostro y cuál era nuestra respuesta: "bueno, un día de estos llega. A ver si llega antes de despedir el año". Unos corrieron con esa suerte, otros lamentablemente no. Respuesta cargada de frustraciones, malhumores y tristeza, debido a que esas noches parecían eternas al tener mosquitos zumbando en tus oídos y el ruido de los generadores eléctricos que hacían desaparecer la paz. De tan solo pensar que llegaría la noche comenzaba el dolor de cabeza, junto a una rutina indeseable.

¡Qué resilientes somos! Nuestra fuerza es brava y única, "yo soy boricua, pa' que tú lo sepas". Esta nefasta experiencia nos hizo crecer y nuestra fe en Dios se intensificó y nos motivó a seguir caminando, aunque no viéramos una salida, escape o

mejora. Decidimos seguir caminando y levantándonos, aunque quizá muriéramos en el camino (y murieron). Cada país tiene sus procesos y sus historias de crecimiento, indiscutiblemente este fue un pedazo de nuestra historia que nos marcó y no volvimos a ser iguales. A la mala o a la buena, juzgue usted, pero la palabra resiliencia tomó un nuevo sentido y se encarnó en nosotros, era la palabra del día en todo lo que hacíamos.

Te animo a que aceptes la resiliencia y siempre busques aplicarla en todas las áreas tu vida, en los proyectos, en la salud, en el trabajo, en fin, en toda tu vida integral. ¡Tú puedes! ¡Baila con la resiliencia a diario!

Amor

AMOR, que palabra divina.
La escuchamos, pero no la aplicamos.
Y si la aplicamos
lo hacemos rápido y sin profundidad.
Pero en realidad no hemos sabido cómo aplicarla.

El amor nace, no se obliga.
El amor se da, no se impone.
El amor es, no se presume.
El amor es para y por todos.

Todo es amor y viene por él.
Más que querer, necesitamos amar,
se traduce en posibilidades,
se fundamenta y es Dios.

Cuando nos amamos, amamos.
Si amamos, avanzamos a lo maravilloso,
entendemos el propósito de la vida.
El amor nos salvará de un triste final.

Reflexión del autor:

¿A qué o quién estamos amando? ¿Amamos porque nos obligan o porque nos brota la genuinidad al hacerlo? El amor, al igual que la mayoría de los conceptos, es una destreza que necesitamos desarrollar para potenciarlos al máximo y demostrarlo como es debido. Está bien desarrollar el amor, pero más que eso, necesitamos aprender cómo se ama de la manera correcta. Mi libro favorito (la Biblia) tiene un libro llamado Corintios que describe el amor de una manera que parece inalcanzable, pero que es la correcta. De manera enfática menciona que el verbo amor no es egoísta, jactancioso ni altanero, que no se gloría de sí mismo ni mucho menos se muestra con aires de grandeza (énfasis añadido por el autor). En resumidas cuentas, lo describe como buscar el máximo bienestar de alguien y el propio.

El amor es un valor y una destreza universal que traspasa fronteras, culturas, idiomas y hasta pensamientos. Lo que hace que el amor se enfríe y pueda llegar a desaparecer es el analfabetismo que reina al entenderlo y, por consiguiente, al aplicarlo. Amemos porque deseamos hacerlo, no buscando un favor o un poder a cambio para poder imponer lo que queremos. Si la persona entiende y hay una fuerte convicción de que debe cambiar, que bienvenido sea el cambio. Pero si pasamos la vida imponiendo el amor y que me amen, buscaremos que esa persona experimente superficialmente el amor y no eche raíces profundas en este valor invaluable. Si amáramos de la manera correcta, todo fuera diferente en este siglo contemporáneo que nos encontramos, al amarnos no aceptaríamos nada incorrecto para nosotros, porque entendemos el amar correctamente. Recuerda esto: el que te ama no te desvaloriza ni te hace ver menos, porque Jesús nunca lo hizo con sus mejores amigos y su familia, ese es el estándar que debes tener. Ama a Jesús y su palabra, y podrás amarte; ámate y amarás a los demás. Inténtalo y observa lo maravilloso que puede pasar en ti.

Bondad

La bondad muestra el ser,
se dignifica su esencia,
se muestra a todos,
se encarna en su ejemplo.

Sumamos y no restamos.
Deberíamos mantenerlo hasta fenecer.
Hallarla es fácil, mantenerla un reto.
La corazonada aquí NO es la clave.

Bondad es sinónimo de Jesús.
Se dio sin esperar nada a cambio.
Imitémosle y viviremos al máximo.
Su mayor manifestación fue la cruz.

Cuánta bondad emana este ser.
Como la demos, será nuestro resultado.
La lucha será nuestra aliada.
Peleemos por la benevolencia.

Reflexión del autor:

Siempre tendremos la oportunidad de ser bondadosos, aunque otros no lo elijan. La bondad es la cualidad que mide de manera cualitativa otras cualidades, yo le digo la reina de todas. Te mencionaré un ejemplo de cómo yo la veo y cómo el Señor me ha mostrado esta cualidad increíble. Usted puede amar, pero si ama de manera incorrecta no estamos siendo cien por ciento benevolentes en el amor y ya ahí debemos mejorar. Quizá usted piense que ser benevolente en un tiempo como este puede ser difícil y extenuante, y tiene toda la razón en ello. No obstante, debemos ponerla en acción y ser consistentes en la ejecución para poder disfrutar y ver cambios en nuestra benevolencia. Jesús vio la gloria de su Padre al ver y ser obediente a Él en todo lo que hizo en la Tierra; esto me muestra que su actitud al ser benevolente fue lo que le ayudó a ver su gloria.

Opta siempre por la benevolencia, aunque te canses, no tenga sentido o pienses que es una tontería actuar bien. En un libro de la Biblia llamado Gálatas el autor dice en el capítulo 6 y el verso 9 que no nos cansemos de hacer el bien, porque a su tiempo cosecharemos si no nos damos por vencidos. La clave aquí está en ser benevolentes, persistentes para ver los cambios que anhelamos y luchamos por obtener.

Te animo a que medites en estas preguntas:

¿Cómo puedo ser bondadoso/benevolente?

¿Qué puedo hacer para vivir en esta actitud correcta a diario?

¿Qué me está impidiendo ser bueno con los demás, el gobierno, argumentos, familia o posición laboral?

¿Busco algo a cambio con ser bueno?

Reflexiona...

Gracia

¡Qué maravilloso regalo!
Tanta fortuna a diario.
Qué sería de nuestra vida sin ella.
Dónde estaríamos si no la tuviéramos.

Me asombra su profundidad.
Me impresiona aún tenerla
Cuanta disponibilidad y favor.
Otorgada por amor, sin interés.

Cuando pienso en su esencia, sonrío
Medito en el pionero, en su fundador,
Él la emula a la perfección.
En su perplejidad se perpetúa.

Se me acabaría la vida
tratando de describirla.
Hay dos verbos a accionar,
vívela y experiméntala.

Reflexión del autor:

¡Qué maravilloso regalo este de la gracia! Puedo teclear tantas palabras que pueden ser efímeras y superfluas describiéndola, sin embargo, mencionaré algunos ejemplos de cómo Jesús me la ha mostrado. La gracia es aquello que nos conecta con ese lado eterno de Dios y nos muestra su hermosura a la humanidad. Es aquello que nos mantiene en pie de lucha por lo que creemos y nos anima a mantenernos enfocados en lo importante. Esta cualidad es maravillosa, se nos otorgó porque su fundador nos ama y quiere vernos bien. En mi psiquis eso no puede ser procesado por cada neurona cerebral, te explico ahora para que digas que no estoy exagerando. El ejemplo más profundo y amoroso de la gracia para con nosotros fue la muerte de Jesús por nuestros pecados y por la humanidad. Él no tenía que morir porque su vida fue intachable, sin pecados y de obediencia a su Padre; aceptó esa tarea simplemente porque nos ama y quería que tuviéramos una vida eterna con Él. Ahora, para darte un ejemplo más terrenal y no tan espiritual (como algunos pudieran categorizarlo), lee bien esta representación. Imagina que estás conduciendo tu carro lo más entusiasmado y feliz, observando el paisaje y pendiente de la carretera. No obstante, por un instante, te despistas viendo un letrero con la promoción de uno de tus restaurantes favoritos y chocas el carro que está frente al tuyo y le tumbas el "bumper". Llaman a la policía y llega un oficial para proceder con la querella. Usted decide aceptar su culpa y se queda tranquilo. El policía ve lo sucedido en el accidente, toma los datos personales de ambos y les informa sobre el proceso de las aseguradoras. Entonces, pasa lo increíble, el policía muy animado, mostrando una felicidad embargadora le dice al accidentado: "se puedes ir, que yo corro con los gastos de la reparación del carro". Y a ti (que ocasionaste el accidente) te dice: "y usted también se puede ir, yo corro con los gastos, no tiene que pagar nada". Aunque es un ejemplo hipotético y es probable que no pase en la vida real, así es que yo veo la gracia que Dios nos otorga. El policía (Jesús) decidió correr con todos los gastos (pecados), aunque no tuviera que hacerlo y eso para mí es maravilloso. Cada día trabajo para entender mejor este regalo que Dios nos da.

La gracia no es un permiso para vivir en libertinaje. La gracia me lleva a querer hacer todo lo que Dios me ordena porque lo amo y respeto, no quiero faltarle el respeto y siempre quiero verlo contento y orgulloso de quien soy. Es algo que va en contra de lo que el mundo te dice, pero necesitas vivirlo y experimentarlo, vívelo y te aseguro que experimentarás algo maravilloso.

Familia

Que bendición es tenerla.
Que milagro es disfrutarla.
La idea original y eterna.
La primera institución.

Donde los valores se cimientan.
El amor es fortalecido y enseñado.
Donde las vivencias alocadas se encarnan.
Donde el aprendizaje es primordial y modelado.

¡Qué diversas las tenemos!
Qué grandes maestras son.
Dando valor a lo importante.
Apreciando cada aventura vivida.

Debemos cuidarla y salvaguardarla.
Nos la quieren robar y manipular.
Como sea la tuya, ámala y defiéndela.
Agradece por ella y aprovéchala.

Reflexión del autor:

Que privilegiados somos si tememos familia. Imagino el momento que Dios pensaba y creaba a cada una. Imagino que se reía con algunos miembros de la familia, mencionado que no tenían remedio, pero que así los aceptaba.

Establezco toda esta escena hipotética para que veas que las familias son la primera institución que Dios creó y lo hizo con un propósito maravilloso. En las familias se ve esa sugerencia de algunas personas que dicen que el estar solo no es bueno ni saludable. Y es que Dios nos creó para estar en comunidad y cuando queremos estar solos nos desviamos un poco de ese propósito glorioso que Dios estableció. Estarás pensando que estoy loco, porque hay gente que decide estar solo y eso no es malo. ¡Claro que no es malo! Sin embargo, es un tema muy delicado, el cual tocaré con cuidado para la reflexión colectiva.

Estar solo no es malo ni mucho menos condenatorio, ya que hay personas que deciden estar solos y se respeta. Sin embargo, me refiero a cómo está mi interior, cómo me encuentro en mi corazón y pensamientos. A ese punto me refiero, porque de seguro habrás escuchado una frase popular y hasta cierto punto universal que dice: "hay personas que tienen familia y se sienten solos,

vacíos y viceversa"… no hay frase tan certera como esta.

Ahora bien, debemos analizar cómo me estoy sintiendo emocionalmente cuando estoy solo y cuando estoy acompañado (de un amigo, familiar o conocido). Si algo en nosotros nos impide disfrutar de nuestra familia, aun cuando estamos con ellos, debemos examinarnos. El Señor Jesús habla de esa primera institución de la familia como aquella que está para ti en las buenas y en las malas, aquella en donde crecemos y donde nuestra identidad es desarrollada, formada y cimentada. La familia es la que siempre estará para ti y en la que puedes buscar un apoyo, aunque muchas veces no concurran contigo. La familia es maravillosa y muchas veces menospreciamos su valor por diferentes situaciones que se interponen en el camino, unas las elegiste, otras no. No obstante, te animo a que puedas ver a tu familia como tu mejor legado, tu mejor opción. Jesús es tan amoroso y bondadoso que, aunque no dispongas de familia biológica, siempre pondrá personas que pasan a cubrir esa necesidad social, emocional y física en nosotros, así que te tengo una noticia. Esas personas también son FAMILIA, y es maravilloso pensar que Jesús nos cuidó y veló que tuviéramos un desarrollo pleno y sustentable. ¡Valora a tu familia!, compártele tus aspiraciones y sueños para que te acompañen a realizarlos.

Rencor

En cada desilusión o descontento
este suele ser el resultado.
Ideamos precipitadamente
consecuencias maquiavélicas.

Buscando imponer mis sentimientos
invalido el de los demás.
Luchando por dejarme sentir
recuerdo donde radica lo importante.

Asimilo que el rencor mata y no aviva.
Que resta y no suma en lo absoluto.
Que divide y causa bélicas atrocidades.
Te atrasa e impide que florezcas.

Decide soltar esta carga pesada.
Vivirás mejor y consciente del otro.
Demostrarás la madurez adquirida.
Imita a Jesús y el rencor huirá.

Reflexión del autor:

En la sociedad que nos tocó vivir, tristemente el rencor es la orden del día. Siempre vemos en los noticiarios, boletines y periódicos asesinatos por doquier, crímenes de odio es la palabra que escuchamos al abrir los ojos y vemos que cada día luchamos por un mejor país, pero no vemos resultados. El rencor es una de esas cualidades que pudiéramos hacer una investigación masiva y escribiríamos páginas y letras a cabalidad, sin embargo, me concentraré en lo que es menester.

Curiosamente, cuando estamos en paz con las personas y nos sentimos bien con los demás y nosotros mismos, no experimentamos el rencor. Es curioso, porque esta reacción sale de una causa y efecto como lo llamaría la disciplina científica (pasó algo, hay una reacción) lo cual es normal y hasta cierto punto, importante. No obstante, cuando las personas nos hacen algo que nos duele o nos dan una sorpresa algo desagradable, rápido pensamos en "cobrárselas" (término puertorri-queño de que me las va a pagar, algo le voy a hacer), lo cual desde una perspectiva humana es normal y me atrevería decir consecuente. Pero por qué pensar que la otra persona lo hizo con intención malvada, por qué pensar que lo hizo para descarrilarme de lo bueno y porque quiere que caiga en lo malo.

No quiero que confundan que hay ciertas personas que realizan todo con una mala intención o doble intención y es muy real, sin embargo, no podemos estar prejuiciados en que todos se comportarán mal porque ya tienes experiencia en ese tipo de personas. El rencor te hará daño y evitará que vivas experiencias magníficas. La otra persona quizá ni se acuerde de lo que te hizo y estarás toda una vida recordando eso que pasó en un lapso de tu día. Te animo a que no permitas que, como decimos acá las boricuas, pajitas en la leche dañen toda la bebida, esas pajitas lo más probables son inofensivas y tu queriendo botar toda la bebida, solo por esas pajitas, no.

No dejes que un pequeño problema o un imprevisto desvíe tu mirada de Dios y de lo que él quiere enseñarte en cada adversidad que te encuentras. Puede sonar utopía lo que te diré, pero utiliza ese eslabón de rencor y entrégaselo al Señor y verás cómo Él sana tu corazón herido y abatido. Soy ejemplo vivo de esa premisa, al igual que usted, pasé por muchas situaciones que endurecieron mi corazón y me impedían ver lo milagroso que era el Señor hasta en situaciones adversas.

Mi recomendación es que examines tu corazón y tu nivel de rencor y si verdaderamente crees que necesitas ayuda, la busques. Hay situaciones que no podemos manejar solos y para eso están los

profesionales de la salud o algún amigo que tenga experiencia y te pueda aconsejar.

Ayúdate y busca ayuda, permite que otros te guíen a un proceso de eliminar el rencor y luego sigue caminando con la fe de que saldrás victorioso.

¡El Señor te quiere feliz, acéptalo y vive sin rencor!

Amigos

Que regalo más preciado.
Que agraciados somos en tenerles.
Conversar alocadamente, ¡maravilloso!
Gratitud y complicidad, amistad real.

Siempre están ahí, no importando
la situación difícil que carguemos.
¡Cuánto amor!, impulsándonos a reciprocar.
Con su esencia, nos complementan.

Cuánta simpatía habita.
¡Qué legado de Dios!
Que increíble esta relación.
Cuánta vulnerabilidad carga.

En la diferencia está la magia,
siendo el respeto lo primordial.
Que valor incalculable.
¡Qué lindos son!

Reflexión del autor:

Muchas veces pasamos por alto o tomamos de manera liviana la amistad. No vengo a hablarte sobre lo que es la amistad, porque de seguro lo debes saber. Quiero teclear asuntos importantes para poder tener una buena relación amistosa y cómo yo veo la amistad.

El libro de Proverbios en la Biblia describe a un amigo de la siguiente manera, "ama al amigo, porque es más que un hermano en tiempos de angustia". Me parece increíble que Dios haya pensado en describir a los amigos con una relación amena y única, nos invita a amarlos porque en tiempos difíciles son más que amigos, se convierten en hermanos. Esa capacidad de convertirse en hermanos requiere el compromiso de guardar esa relación amistosa.

El señor Jesús me ha enseñado, de manera personal, a amar a mis amigos y no querer cambiar su pensar o su forma de ver las cosas a mi antojo, que no intente controlarlos. Yo tenía una manera de amar incorrecta, pensaba que si no hacían lo que yo quería, si no concordaba en una idea o pensamiento de ver las cosas no podíamos ser amigos. Hasta que aprendí el valor y el poder del colectivo, donde en las diferencias está la verdadera felicidad. La amistad está para poder disfrutar de las cualidades, vivencias y la calidad humana de esa persona, no para que sean igual que yo.

El Señor me invitó a reflexionar en que cada uno es diferente y eso es bueno, es agradable. Dios me anima a disfrutar de las vivencias y ocurrencias de los demás, porque no solo las mías cuentan; sino las de ellos también, me enseñó a escuchar. Así que, ese egoísmo rampante que cargaba desapareció cuando aprendí a disfrutar a mis amigos como son, aprendí que puedo orar por ellos para que Dios trabaje, si hay algo que no me parece bien, pero en lo que Él trabaja, yo debo seguir disfrutando de su presencia amistosa.

Cada uno debe elegir bien a sus amistades, debe velar sus posiciones porque podemos ser versátiles en opinar sobre su vida y lo que deben hacer, pero no se debe acabar la amistad porque la otra persona no piense como yo. En la diversidad de pensamientos y en la manera de ver la vida está la magia, si todos fuéramos iguales sería muy aburrido.

Reflexiona…

¿Cómo está siendo mi relación de amistad con ese amigo?

¿Estoy buscando que cambie, o me centro más en disfrutar y que él trabaje su vida con Dios?

No estoy diciendo que no debemos dar nuestra opinión, creo que es importante y aceptado. En una relación de amistad ambos debemos tener la capacidad de disfrutar, sin importar la opinión, a fin de cuentas, la opinión es eso mismo, una forma de ver las cosas... no es la verdad.

Sigue reflexionando...

Misión

El trabajo que trasciende,
abnegado por la sociedad,
que cuida del otro,
que bendice al ser.

Sin números de experiencias
vividas con el Señor Jesús.
Sin duda te cambia, te marca.
Mientras más te envuelves, mejor.

Muestra la vulnerabilidad social,
es el motor que mueve al ser.
Visibiliza la necesidad del ente
como la necesidad social.

Este debería ser nuestro propósito principal,
animarnos a hacer más de esto.
Que maravilloso trabajo.
La misión de todos es disponernos a los demás.

Reflexión del autor:

Cuando tenía 9 años mi mamá siempre me inculcaba ayudar al prójimo y a siempre tener una misión de vida. Desde pequeño me gustaba ayudar a los demás, sentía una gran satisfacción cuando ayudada a las personas. Me gustaba ver que lograran realizar sus sueños, los que llevaban luchando hace tiempo, por no decir años. También solía imaginarme que era maestro. Recuerdo que en la sala de mi casa ponía un cartón que simulara la pizarra, ahí escribía el tema y todo lo relacionado a la enseñanza que brindaría ese día. También ponía sillas que simulaban los pupitres, imaginaba a los estudiantes y que estos me contestaban. Pero era mucho más que un juego, ya estaba visualizando en lo que me convertiría y eso me llena de mucha satisfacción. La parte que más disfrutaba de aquel juego que hacía era cuando le brindaba un "examen" o "tarea". Hoy día, sigue siendo mi mayor satisfacción, reconozco que no lo sé todo; porque ser maestros no significa que lo sé todo, aunque deba poseer un conocimiento amplio.

Realmente lo que me llena de esta parte del trabajo magisterial es poder tener la apertura a ayudar a los estudiantes a que construyan su propio conocimiento. Pero para mí, la mayor satisfacción es acompañar al estudiante en su proceso de aprendizaje, poder ser partícipe de su proceso de descubrimiento y enseñanza me llena de manera indescriptible. Todos y cada uno de nosotros venimos a la Tierra con una misión por cumplir, algo que trazar, concretar. Muchas veces pensamos que la palabra misión es algo por cumplir o hacer.

Les pondré este ejemplo, pensamos que la palabra misión se entiende como un trabajo, cumplo con unos acuerdos y unas órdenes y luego ya se acabó la misión. Sin embargo, quiero decirte que la palabra misión trasciende más allá de cumplir con un horario de trabajo, con unas órdenes y requerimientos. La palabra misión, según como lo define la Biblia, es mi labor diaria, para lo que fui llamado con antelación. Cuando pienso en esta maravillosa palabra que denota acción, se me estremece cada parte de mi ser, célula y hasta nervio, porque es una palabra muy poderosa e increíble. Esta acción denota que cada labor, trabajo o cosa que realicemos, más que completarlas debería maravillarnos porque fuimos elegidos para ello. Tener la mentalidad de realizar las tareas diarias, simplemente porque me gustan o porque debo hacerlas, nos convierte en un esclavo al trabajo y tardaremos en sentirnos felices con lo que hacemos, porque lo hacemos solo porque sí.

Por mucho tiempo pensé y viví en este pensamiento de que hago tal labor o trabajo porque me gusta y necesito ganarme la vida. Te cuento más, muchas

veces decía que iba a trabajar en lo mismo que mi papá, quien es repostero, porque tenía que vivir de algo y en mi juicio decía que no era bueno en nada más. Creo que debe ser menester pensar que estoy en mi trabajo o misión diaria porque me gusta y porque fui llamado a eso de manera anticipada, además de que me apasiona y siento que no trabajo. Desde pequeño dije que quería ser maestro, Dios tenía algo conmigo en esa labor encomiable que realiza cada docente que es importantísima y de mucho valor. Mis decisiones y mi esfuerzo diario por estudiar hicieron que me convirtiera en maestro, pero eso ya estaba en mí desde pequeño, aunque todavía no lo ejercía.

Les cuento mi testimonio, pero no tiene que ser el tuyo, ni tampoco estoy diciendo que debe ser así, cada persona es un ente diferente y único. Lo que quiero que te lleves de esta reflexión es que en lo que sea que te desempeñes tengas claro que no estás ahí simplemente porque te gusta o porque no había más nada. Cambia tu mentalidad y ten en tu pensamiento diario que fuiste llamado para desempeñarte en eso y si eres cristiano, como yo, que Dios te eligió para eso. Una vez pienses de esa manera, tu perspectiva cambiará porque sabes que estás en el lugar correcto, que lo disfrutas y te apasiona.

Historia

Que palabra de tanto valor.
La historia es fascinante
nos enseña, pero no de cantazo.
Nos marca, nos define.

Cada historia es única.
Mirar nuestro pasado nos hace trascender.
El pasado nos lleva a reflexión, a mejorar.
Nuestra historia nos debe impulsar a más.

Nuestra historia no es cónsona con el futuro.
Podemos decidir nuestro futuro,
sin olvidar nuestra historia.
Que tu pasado no encarcele tu presente.

Apreciar nuestra historia es indispensable.
Hacer las paces con nuestro pasado
nos libera al futuro.
Tu pasado (historia) no se puede cambiar
ni mejorar.
Pero gracias a Dios que tu futuro sí,
acéptalo y hazlo.

Reflexión del autor:

La historia es maravillosa. Me encanta conocer el pasado, hacer estudio y análisis de la historia. Es increíble que tantos acontecimientos históricos, sociales y culturales hayan pasado. Soy muy curioso y siempre me interesó saber la raíz o el porqué de las cosas y eso es fundamental en las personas que le gusta la historia o la enseñan, como es mi caso. Cuando estaba haciendo mi bachillerato en educación, las clases generales de historia me llamaban la atención, me gustaba la manera en la cual la profesora impartía la clase, me intrigaba saber más de conceptos históricos y sociales. Tomando esas clases inició mi interés de este concepto de la historia y su importancia tanto en el colectivo, como en el individuo (dos áreas principales del estudio de la historia). Cada uno de nosotros tiene diferentes historias, trasfondos y crianzas que nos marcan y nos hacen crear conceptos de lo que somos o lo que podemos llegar a ser. Debemos llegar a comprender la importancia de conocer nuestra historia, lo meritorio que es saber dónde estuvo nuestra familia antes o qué cosas hicieron para poder llegar a más en el futuro. La historia se enfoca en estudiar el pasado en todos sus aspectos (cultura, sociedad, leyes, gobierno, educación, sistemas sociales, economía, etc.), con el fin de poder interpretar el presente. Muchas veces queremos saber qué nos afecta en el presente, pero no nos damos a la tarea de estudiar ni averiguar qué pasó en nuestro pasado o qué decisiones fuimos tomando que nos llevaron hasta nuestro presente.

Mi pastor dice que no elegimos nuestra historia familiar, social ni cultural y que cada uno de esos conceptos afecta nuestra historia personal y familiar. Nacimos en un lugar porque nos tocó nacer ahí o porque Dios tiene un propósito con esa decisión. Nuestra historia es algo que no podemos juzgar ni mucho menos cambiar, pero puede servir de inspiración para cambiar nuestro futuro. Poder usar esa historia "negativa" o "equivocada" y convertirla en una maravilla, una historia con propósito. Que nuestro pasado sirva para poder inspirar a otros a ser mejores, a construir proactivamente su futuro, entendiendo nuestra historia. Te animo a que de ahora en adelante veas tu historia como una serie de acontecimientos y creas que tienes las herramientas para poder cambiarlos. Debes desarrollar estrategias para evitar caer en un círculo vicioso histórico-familiar. Esa frase popular de Pablo Escobar es muy certera, "el que no conoce su historia, está condenado a repetirla" que curioso que quien dijo eso fuera unos de los mayores criminales principales de la historia a nivel mundial. Ahora me pregunto, ¿conoces su historia? ¿Por qué razón Pablo Escobar dijo eso con tanta seguridad? Te toca hacer la asignación.

Aprendizaje

Practicarlo a diario evitará dolores de cabeza.
Hacerlo y vivir diariamente en esto
nos llevará al destino esperado.
Aprende, siempre aprende.

Cada memoria es aprendizaje.
Cada experiencia lo enriquece.
Si lo recuerdas, te marcó, aprendiste.
La repetición es la clave.

Cada experiencia es tan diferente.
Podemos apreciar tanto, es maravilloso
lo que hacemos con lo aprendido,
lo que define nuestro caminar.

Modificar te llevará aun más lejos
es compulsorio corregir, modificar y aplicar.
Ahí se ve el aprendizaje auténtico.
El resultado, el aprendizaje nuevo.

Reflexión del autor:

Como maestro, el aprendizaje es un verbo que puedo ver, saborear y celebrar a diario. Disfruto, no momentáneamente, pero a su debido tiempo, el aprendizaje de mis estudiantes. La palabra aprendizaje es muy diversa en sus contextos, definiciones y países, pero se aplica de una sola manera; experimentándola. Cada ser humano aprende de manera diferente y hay diversas teorías del aprendizaje que así lo respaldan. Por ejemplo: Howard Garner (psicólogo, científico y profesor) formuló una teoría en la que el niño aprende, según sea su preferencia o interés. Si le gusta brincar, puede usar ese lado fuerte para aprender, si le gusta contar, que lo aproveche y aprenda, de igual manera, si le gusta dibujar que lo utilice a su favor y aprenda de manera divertida y auténtica.

Algo en lo que reflexionaba y puedo ver, ya que ejerzo como maestro a diario, es que el niño puede tener su modo al aprender, pero si no lo pone en práctica no será real ni duradero; la acción es lo que afianza ese conocimiento adquirido. El aprendizaje envuel-ve tantos procesos y pasos que es increíble como nuestra mente puede recordarlo y hacerlo de manera inmediata. Recuerdo una frase cargada de experien-cia y aprendizaje que mi profesor de práctica docente me decía en mi proceso de práctica. Esta etapa es una vital y de experiencia

para cada estudiante-maestro ya que de esto depende cómo ejercerá su futuro en la carrera magisterial. La frase era la siguiente: *"Yo me quiero morir cuando no tenga nada que aprender, porque si ya lo sé todo ¿para que estoy vivo?"*. Mi mente comenzó a correr a mucha velocidad y luego comentaba con los demás practicantes cuanta verdad cargaba esta frase. Te animo a que busques aprender de cada proceso que enfrentes, ¡vive y experimenta!

Si le sacas provecho y aprendes de todo lo que vives, no andarás en el mismo camino. Dios nos anima a mirar la vida con aprendizaje, algo que dejar y que aportar. El aprendizaje es continuo y cambiante, si estás vivo es porque debes seguir aprendiendo en este plano; aprovéchalo al máximo.

Consistencia

Practicarla con tesón es importante.
Hacerlo a diario es el secreto.
Persistir, resistir, insistir.
Haz un poco cada día, resiste.

Disfrutemos ser consistentes a diario.
No te resistas al cambio, si es beneficioso.
Prueba otros lares, aprende y persiste.
Si no te resulta, modifica, pero insiste.

No tiremos nada por la borda.
Las cosas buenas llevan tiempo.
Todo está en persistir y no desistir.
Disfruta el presente, insistiendo al futuro.

No dudes en ser consistente.
Benefíciate de ser persistente.
Camina, aprende y resiste hasta el final.
La consistencia te hará brillar, ¡date la
oportunidad!

Reflexión del autor:

La consistencia es un tema que me toca bien de cerca, porque pienso que no existe nadie en el planeta Tierra más desesperado que yo. Es una cualidad que he tenido que aprender a fuerza de cantazos y considero que aún tengo más por aprender. Estamos viviendo en una era contemporánea donde queremos todo de manera rápida y a nuestro antojo, aunque nos cueste la vida; lo alcanzamos porque podemos y lo merecemos. Es cierto que podemos alcanzar y hacer todo lo que queramos porque el cielo es el límite, pero también es cierto que en la persistencia de nuestras metas está la clave para el éxito.

Si analizamos un poco las tareas cotidianas que cada uno de nosotros practica en todas y cada una de ellas está lo que es la persistencia, consistir. Para un nuevo día tenemos que esperar y tener la esperanza de que seremos testigos de un nuevo amanecer, así que hay que perseverar en ello. Para tener acceso a diferentes procesos en nuestra vida, tenemos que ser consistentes y firmes en nuestras decisiones, así que hay que consistir en ello de igual manera.

Si deseamos lograr un proyecto para el cual trabajamos y le ponemos todo el corazón, tenemos que persistir en lograrlo y saber que se dará, independientemente de cuánto tiempo tarde. Es interesante porque en este siglo XXI vemos cómo cada vez más la gente opta por lo fácil, lo menos trabajoso, lo más rápido y provechoso.

No nos damos a la tarea de pasar por un proceso en el cual podamos ser persistentes para ver un resultado. Estás a la moda si comenzaste a estudiar y todavía no te has graduado y ya gozas de tener un trabajo, estás a la moda si conociste a alguien y ya al año quieren formalizar para algo serio, porque mientras más rápido sea mejor les irá. Estás a la moda si comenzaste un proceso de mejorar tu salud, cambiaste tu alimentación y al mes ya vas por 80 libras menos. Eres el más "fit" si el primer día que comenzaste los ejercicios, haces 30 minutos y lo haces a una velocidad extrema, no importando lo que pueda suceder luego del entrenamiento y al otro día estés que no puedas ni caminar, "porque esto se hace rápido o no se hace". Eres el "mejor" si haces todo eso. Te hablo desde mi vulnerabilidad, porque tenía esta manera de pensar (y aún continúo luchando).

Si bien es cierto que tampoco estarás toda una eternidad pensando qué hacer con tu vida porque será eso mismo, una visión y no una misión; también es aceptable que la consistencia de las cosas te llevará lejos y te hará de ti una persona de bien. "En las pequeñeces de la vida, está lo esencial

para seguir viviendo" frase que Dios me trajo cuando estaba teniendo mi tiempo a solas con Él.

Pensar de manera rápida, momentánea y precipitada nos hace pasar las pequeñas cosas de la vida que son lo más importante de cada decisión o proceso que hacemos. Querer siempre hacer las cosas rápido nos impide y bloquea el presente, porque solo pensamos en el futuro y en lo próximo que viene. No estoy diciendo que no tengas planes y metas por realizar, estoy diciendo que seas consistente en una y disfrutes el proceso hasta verla realizada. Hay tantas cosas divertidas que pasamos por alto y no las hacemos, porque nos consumen tiempo. Por ejemplo, comer en familia, pasar un día desconectado de la tecnología solo hablando con alguien o con Dios. Esas acciones nos permiten seguir viviendo en lo que hacemos a diario y las pasamos por alto porque estamos siempre corriendo, tenemos que aprender a disfrutar de las cosas pequeñas y ser consistentes en un proceso a la vez. Debemos ser persistentes en lo que deseamos y dar pequeños pasos a diario que nos lleven a nuestro destino final.

Quédate con esta visualización: deseas ir a un lugar lejano, y por alguna razón, bloquearon las carreteras que te hacen llegar un poco más rápido; si tu intención es llegar, ¿por qué desistir? Si quieres llegar, no importa cómo sea ni por dónde, llegarás al lugar predestinado sin importar cuánto te tardes. La persona sabia, aunque se tarde más, hará lo imposible por llegar, el inteligente siempre buscará una manera mejor de llegar y siempre estará buscando una solución más rápida. Persiste en lo pequeño y tendrás éxito en lo grande.

Abuelos

Tanto que nos añoñan.
Tanto amor que nos brindan.
Maravilloso regalo y legado,
memorias sabias e increíbles historias.

La voz de la experiencia,
su corrección nos alienta
No está de ellos el criar,
sino aconsejar y apreciar.

Algunos asumen la crianza doble.
Para ellos, mis respetos y admiración,
ya que su corazón bondadoso pesa más
que sus enojos momentáneos.

¡Qué alegría son los abuelos!
Nos permiten admirarlos con entusiasmo.
Mis abuelos son los mejores, Dios los coronó
Que dicha la mía ser su nieto, ¡LOS AMO!

Reflexión del autor:

De manera coloquial social se establece que los abuelos están para consentir a los nietos. Mi abuela, aún a mis 23 años, le pregunta a mi mamá: "¿Cómo está el nene?" Mi mamá le responde: "el nene ese es un viejo..." y ya se podrán imaginar el resto de la conversación. También en algunas conversaciones nunca puede faltar el: "sabes que yo estoy para añoñarlo y tú para criarlo".

Los abuelos son esas personas que, con su sabiduría y amor, irradian paz ante cualquier adversidad que tengamos, porque cargan la experiencia vivida que le da autoridad en momentos de dificultad. Yo he sido más que bendecido por contar con abuelos increíbles y maravillosos. La generación que criaron le dio fuerza, la cual trasmitieronr a mis papás y estos a nosotros, una generación de fuerza, simpatía, humor y honestidad.

Permítame describirlos un poco. Mi abuela paterna es una charlatana, que le saca la parte jocosa a todo, tiene una enseñanza con cada refrán que se lanza ante una adversidad, (ya los leíste al principio, ¿te acuerdas?) y aunque solo llegó a sexto grado de escuela elemental, tiene un doctorado en experiencia de vida. Su niñez no fue nada fácil. Nació con una comadrona, nunca tuvo el placer de conocer a su papá y su mamá murió el día en que ella cumplió 12 años. Mi abuela no escogió vivir esas experien-

cias, pero estas le dieron la fuerza para ser la mujerona que es hoy día. Crió 3 hijos junto a mi abuelo, se las ingenió para traer el sustento a la casa (planchaba, hacía postres y era ama de casa). Tuvo cáncer en tres ocasiones y aún sigue "vivita y coleando", su entereza de carácter y pasión por la vida me enseñan a vivir con intensidad.

Mi abuela paterna es natural de Arecibo, Puerto Rico. Nació en el 1948, una época donde reinaba el amor y se criaba en los campos a la manera "de antes". Ella también es una luchadora y amante de su familia. Su historia no fue fácil, se las ingenió para llegar hasta este siglo 21 con fuerzas y ganas de vivir. Pasó por un divorcio aterrador y por el abandono total de mi abuelo, algo que ella aún reclama y le cuesta asimilar, sin embargo, ha seguido viviendo, aunque no de la mejor manera. No seguiré contando su historia, ya que es algo muy difícil, sin embargo, ha seguido adelante a pesar de las adversidades.

Por otra parte, mi abuela materna también es una mujer luchadora. Nació para los años 50, una época donde reinaba el amor y así fue criada en el campo. Pasó diversas situaciones difíciles y cada una de ellas la hizo ser la mujer y abuela de fe que es hoy día. Es una amante de la vida, a pesar de que su historia fue difícil, desde un divorcio hasta diagnósticos de enfermedades, la cuales ha sobrellevado y lo ha hecho con el carácter y la entereza que le caracteriza. Llegó a este siglo XXI y ella misma reconoce que ha sido por la gracia y el favor de Dios. Ella espera seguir aprendiendo de esta travesía llamada vida y sabe que está aquí hasta que Dios quiera y por eso ama con intensidad a todos sus familiares.

Cuando converso con ellas (que me encanta) hay un denominador común y es que ambas aseguran que todo lo que han vivido les ha ayudado a desarrollar su fe. Un valor intrínseco que se revela en lo extrínseco, una generación que creció en ese valor incalculable y, por ende, nos lo trasmitieron a nosotros. Sin duda alguna, su fe y pasión por la vida fue lo que nosotros heredamos, ya que esas dos cualidades son las que definen la familia Candelas Quiñones.

Te animo que hagas ese estudio y veas en qué áreas tu familia es fuerte, ya que por algún lugar florecerá esa semilla generacional que pusieron en ti.

Descanso

Tan necesario y tan poco valorado.
Cuando comenzamos a practicarlo,
muchas veces, empezamos algo tarde
y ya no es tan fácil hacerlo.

Me invita a parar, callar
reflexionar y apreciar.
El ruido es tanto que cuando descansamos
nos sentimos incómodos.

Un estilo de vida acelerado no es saludable.
Siempre debemos tomar tiempo para descansar.
Si descansáramos más, quizá no hubiera tanta
enfermedad y apreciáramos mejor la vida.

Para poder vivir debemos estar saludables.
¿Quién dijo que el descanso
no es parte de la salud?
El descanso es indispensable, valorémoslo.

Reflexión del autor:

La mayoría de las personas, vemos el descanso de una manera diferente a como lo es en realidad. Siempre estamos añorando poder descansar, aun en medio del corre y corre de la vida diaria. ¿Cómo estás, cómo te sientes? Y ahí la frase popular: "cansado o cansada" y yo que suelo ser muy analítico, me pregunto por qué está cansado...

Esto es un tema que hablo desde mi vulnerabilidad porque suelo tener muchas cosas y la mayoría del tiempo olvido tener estos momentos de quietud y descanso, sin embargo, desde hace un tiempo lo tengo muy presente e intento tenerlo todos los días. Te contaré una pequeña historia que pasó hace 10 años. Amo las historias, así que para poder ejemplificar bien este tema, te contaré una.

Un día, en la escuela, mientras era estudiante, viví uno de esos días en que por alguna razón te levantas sintiéndote raro y algo cansado, pero que de igual manera apruebas ese sentimiento y sigues tu día. Estudiaba teatro en una escuela especializada en Bellas Artes y semanas antes estaba teniendo muchos quehaceres, ya que tenía el estreno de una obra, más mis clases regulares. Salir a las 10:30 de la noche de la escuela desde las 7:00 de la mañana era tan normal para mí que invisibilicé unas señales que mi cuerpo estaba dando. Recuerdo que contando ese día faltaba una semana para el estreno

de la obra, hice la rutina mañanera y salí para la escuela. Un pesar en mi cuerpo y ánimo se notaba a leguas, aun así, lo normalizaba sin saber que terminaría mal. Mientras tomaba mis clases, sentía que no estaba presente, me sentía flotando en el aire y por alguna razón, mis movimientos no coordinaban unos con los otros, pensaba que no pasaría de ese día y que había llegado mi final. Estando en el almuerzo, luego de toda una mañana cansada, frívola y rara, estaba entrando a mi clase de movimiento corporal, la maestra vio que no estaba teniendo un buen desempeño y me mandó a sentar. Caminando a sentarme, sentí que mi cuerpo se desvaneció hasta caer en el piso. Se podrán imaginar el revolú que se formó. Cuando desperté estaba mi mamá y unos paramédicos levantándome. Me tomaron la presión y salió un poco alta, al igual que el pulso; inmediatamente me llevaron al hospital y ahí comenzó la travesía.

Luego de someterme a ciertas pruebas cardiovasculares, el médico entendió que había tenido un episodio fuerte de ansiedad que me pudo haber costado la vida. Estaba muy asombrado y le dije al médico: ¿todo este espectáculo para que sea ansiedad? Muy condescendiente él dijo: "debes descansar al menos tres días y recuperarte bien, porque tienes el sistema nervioso muy afectado, trata de no pasar corajes, no te fuerces en hacer las cosas solo". Yo pensaba: ¿estás loco?, yo tengo una obra en una semana y no puedo estar tranquilo ni mucho menos no hacer esfuerzos. Me dio de alta y regresé a mi casa cuestionándome tantas cosas, no podía creer que eso existiera, esa palabra que ignoramos, pero que puede aparecer cuando menos te lo esperes: ANSIEDAD.

Para poder terminar la historia como se debe, descansé tres días y pude estar en la obra, pero ese día me marcó tanto que nada fue igual. Tenía mucho miedo de que me diera un ataque otra vez, no podía descansar pensando que me ocurriría otro episodio. Así que, desde muy joven sufro problemas de ansiedad y descansar siempre ha sido mi mayor lucha. No descansar provocó que mi cuerpo le diera un *shut down* y realmente no tenemos que llegar a eso para reconocer la importancia del descanso. Dios siempre nos anima a que encontremos descanso en Él, mientras hacemos nuestra rutina diaria. Actualmente, estoy en tratamiento psicoterapéutico y psiquiátrico porque descansar aún es una lucha, pero ahora tengo más conciencia sobre este tema y por eso te animo que descanses lo necesario cada día. Tienes que soltar cargas del trabajo, amigos o familia, porque eso te impide descansar. Recuerda que, en el descanso, está el secreto para poder hacer nuestras funciones diarias. No debes obviar el tiempo de descanso, no es negociable; es indispensable, ¡descansa!

Vive al máximo

Resulta interesante esta ecuación.
Teniéndolo todo, lo dábamos por sentado
y ahora que nos faltan piezas,
anhelamos ser como antes.
Que vueltas da la vida, ¿no?

Que lección tan maravillosa hemos enfrentado.
Necesitábamos una sacudida así
para que despertáramos del patín que vivíamos.
Que volviéramos a los esencial: vivir y amar.
Entender que el ahora es lo importante.

Comprender que la vida puede
acabarse de momento.
Entender que hacemos planes,
pero Dios los determina.
Saber que el futuro es incierto,
pero se trabaja para construirlo.
Que la vida no espera para que aprendamos,
tenemos que dar el primer paso.

Por eso,
cuida de lo esencial,
ama a pesar de no ser reciprocado,
diviértete como si fuera el último día,
sirve para que Jesús se refleje,
aprende y quiérete siempre.

Reflexión del autor:

Suena interesante pensar y creer que tenemos toda una vida para hacer las cosas. Al menos, ese es el pensar de muchos puertorriqueños, esa mentalidad de hacer las cosas cuando me sienta listo o sienta que es el momento. Y si bien es menester pensar que cada momento tiene su tiempo y su momento liberador, no puedo pensar que esta mentalidad de hacer las cosas cuando esté listo/a o me sienta preparado/a es equivocada. Voy a hablarles desde mi perspectiva de vida y de lo que he experimentado en este tema. Me considero una persona bastante tímida, muy poco proactivo. Puedo ser muy líder para unas cosas y para otras espero a que me den instrucciones, como si fuera la primera vez que realizara esa tarea o tema, creo que eso es normal en todos. Sin embargo, he tenido que aprender a vivir al máximo cada día y no esperar a que las cosas se realicen por sí solas.

No me gusta generalizar, pero me tomo el atrevimiento a teclear que así es el pensamiento de la juventud contemporánea; quieren todo fácil, rápido y a su manera. Soy maestro del nivel intermedio y superior, me he topado con muchos de estos pensares y realmente me da mucha pena, y hasta sufro por ellos. Los jóvenes se creen que la vida es tan fácil como ellos la pintan, a veces tengo que traerlos a tierra y hacerlos reaccionar. Me

puedo reflejar en ellos porque tenía esta manera de pensar, quería las cosas rápido, sin pasar ningún tipo de esfuerzo y a mi manera; la universidad me enseñó a quebrar este pensamiento. También tuve que rendir esta manera de ver la vida a Dios porque si seguía pensando así nunca iba a realizar las cosas y todo lo iba a dejar a la mitad, ya sea porque tardaba mucho o cualquier excusa que me satisfaciera. Pensarás que me desvirtué del tema, sin embargo, no es así. He hecho esta analogía porque pensar de esta manera nos impide ver la vida con intensidad, respeto y, sobre todo, con amor. Siempre digo que Dios creó todo a la perfección, ya que los extremos son malos, no importando hasta el más saludable que veamos; TODOS los extremos son dañinos y perjudiciales. ¿Por qué menciono esto? Porque en este tema de vivir al máximo debemos entender que ambos extremos son malos, hacer todo y no hacer nada es malo. Debemos siempre estar al pendiente de realizar lo que está de nuestra parte, lo que no controlamos o no está a nuestra disposición, no debemos hacerlo. Algo que me pasó en un momento dado es que quería controlarlo todo, hablando en términos profesionales, quería que todo saliera bien en todo momento. Cuando eres maestro, estás trabajando con tantas cosas a la vez que quieres que tus estudiantes den el nivel que tú das como maestro, lo cual es imposible porque ellos están aprendiendo y para eso estás presente. Sin

embargo, como maestro me encontraba queriendo controlar todo. Por eso, te quiero compartir unos consejos que me funcionaron y pude ver que se puede vivir al máximo:

Trabaja diariamente, pero que el trabajo no te acabe. Comenzaba algo y quería terminarlo a la semana. Hay tareas que puedes hacer rápido y otras no, debes entenderlo para estar en paz contigo y con los demás.

Tómate descansos en el proceso. Cuando una tarea es muy abarcadora o puedes estar meses realizándola (ej: este libro), sabes que estarás tiempo trabajándolo y debes tomarte pausas. Para tener un buen rendimiento, debes tomar descanso, para recargar y continuar con la labor.

Disfruta el proceso o tarea. Esto lo he tenido que aprender a la fuerza, como decimos los boricuas. Esta frase la he escuchado cientos de veces, pero no la ponía en práctica. No fue hasta que decidí hacerlo y vivirlo que aprendí a disfrutarme las tareas diarias, esto es algo que toma tiempo, pero comienza a vivirlo y luego me cuentas.

Santidad

Que acción tan importante.
Debemos hacerla a diario.
Coquetear con ella es vital.
Comienza desde adentro.

Curiosamente, queremos cuidar afuera
cuando debemos cuidar adentro primero.
Es un trabajo en conjunto, cuido adentro
para que se refleje en lo externo; es un patrón.

La santidad es un estilo de vida.
Es una manera de decidir tus acciones.
Es necesaria para sobrevivir en este mundo.
No es como la describen por ahí, es más profunda.

La santidad tiene que ver con lo que pienso.
Se acerca más a lo que digo,
porque es lo que está adentro.
La santidad tiene memoria física,
cognitiva y emocional.

Esta acción no es un juego, determina tu vida.
Debemos ser conscientes
de que con ella lo tenemos todo.
No debo cuidar solamente un área,
debo cuidarla de manera integral, así funcionará.

Reflexión del autor:

Esta es una reflexión que toca mucho mi corazón porque me reflejo en cada línea escrita. Siempre había pensado que la santidad es un área específica de nuestra vida, podemos decir que la mayoría de las personas piensan que se refiere al área sexual nada más; pero es mucho más que eso. Quiero contarles otra historia que marcó mi vida, de esas que son trascendentales. Desde muy pequeño, siempre he tenido curiosidad por temas que se hablan cuando uno tiene mayor madurez y, por ende, pude entenderlos mejor. Este tema de la santidad fue muy olvidado desde mi niñez y poco me explicaban del mismo.

Mis padres, a quienes no juzgaré, me hablaban muy poco acerca de cuidar mi cuerpo, la mayoría del tiempo yo era quien hacía las preguntas del porqué de las cosas. Como se habrán dado cuenta, siempre he sido curioso y todo lo preguntaba. Mi mamá, de manera jocosa me decía que porque no estudiaba para abogado porque siempre estaba inquiriendo en temas. Le decía que quería ser maestro y de ahí la parte investigativa, cosa que ahora puedo hacer la conexión del porqué soy tan inquisitivo. Es curioso porque desde pequeño, tenía curiosidad de saber más en temas específicos y este era uno de ellos. Este tema de la santidad es uno que debemos hablar con nuestros hijos, claro que será por etapas, no

debe ser de momento todo, ya que ahí es que vienen los malos entendidos y los problemas con este tema tan importante.

Estuve por un tiempo siendo misionero en una base de la organización Juventud con una Misión (JUCUM) y estando ahí pude ver que la santidad se trabaja de manera integral y no separada. Como organización ellos tienen diferentes ministerios y hacen todo tipo de trabajo de manera voluntaria, sirviendo y teniendo como propósito principal reflejar a Jesús en todo lo que hacen. También tienen como meta presentar el Evangelio de Jesús a toda persona que solicita sus servicios y ser ese puente entre Jesús y la persona, que esta pueda convencerse de que seguir a Dios es lo mejor que puede pasarle. Trabajando con ellos de manera voluntaria, desde esta plataforma del servicio, comprendí esto de cuidar la santidad y trabajarla de manera integral. Tuve la oportunidad de hacer mi escuela de discipulado y entrenamiento misionero (EDE o DTS- inglés), es un curso que te toma cinco meses y allí trabajas todas las áreas de tu vida de manera integral; resulta interesante cómo ellos nos enseñan a trabajar la santidad.

En diferentes clases que tomé, nos mostraban cómo trabajar esa área desde la perspectiva bíblica y cómo ser imitadores de Jesús acá en la Tierra. Recuerdo que una psicóloga, que servía como voluntaria en la organización, nos hizo una analogía cuando nos daba la clase de santidad y sanidad interior. Parece ser algo superficial, pero para mí es muy profundo. Ella nos comentaba que hay muchas personas que quieren verse bien físicamente, tener los mejores abdominales, la mejor salud física y hacen lo necesario para poder verse bien, invalidando muchas veces las señales que su cuerpo le envía a su sistema nervioso. Queremos estar al pendiente de una sola parte de la salud física como lo es el ejercicio, cuando en realidad para verte bien y tener buena salud física, hay que trabajar desde adentro y hacer algo cada día. Ella mencionó algo como esto: "si quieres llegar a ser el mejor en condición física, pero no tienes salud emocional ni psicológica, lamentablemente no estarás trabajando como se debe". Ella nos comentaba que muchos de los atletas trabajan duro su salud física, pero luego de los entrenamientos tienen sesiones de psicoterapia para poder tener un entrenamiento completo, ya que no tienen nada completo si invisibilizan esta área emocional y psicológica. Lo mismo sucede con nuestra parte de la santidad, si solo queremos cuidar nuestra área sexual, pero no cuidamos nuestros pensamientos ni nuestro cuerpo, no estamos trabajando de manera completa nuestro ser.

Dios es tan maravilloso que creó todo en conjunto para poder trabajarlo a la vez y que no haya rezagos en nuestro cuerpo. No te puedo decir que tengo ya

resuelto esta área y que soy el más santo, nada más lejos que la realidad. Sin embargo, puedo reconocer que, de esta manera, podemos trabajar todas las áreas de nuestro cuerpo y tener éxito en la ejecución de la santidad. Recuerda que, para tener un cuerpo sano, debes trabajarlo todo integral: come saludable, haz ejercicio, piensa de manera positiva, toma descansos; diviértete y sé feliz con tus decisiones. No hay una fórmula mágica para estos temas, solo te comparto lo que me ha funcionado; inténtalo.

Agradece

Ten el honor de agradecer.
Esta acción es maravillosa.
Nos hace crecer y la podemos
sacar de lo más profundo de nuestro ser.

No lo hagas por obligación, porque
deja de ser el encanto que es.
Dejar que fluya y se manifieste
es lo mejor, así lograrás saborearla.

Procura más sentirla, que decirla,
pero tampoco olvides verbalizarla.
Esta acción determina muchos caminos,
ya que según coseches, así segarás.

Practícala a diario es mejor.
Recuerda sentirla para que accione.
No pases un solo día sin agradecer.
GRACIAS, GRACIAS, GRACIAS.

Reflexión del autor:

Agradecimiento: recuerdo esta palabra, ya que mi mamá me la repetía hasta la saciedad. Ahora puedo entender su importancia y relevancia para este mundo contemporáneo que vivimos. Analizando un poco la situación, puedo ver que este valor no se enseña con tanto ímpetu como antes. Recuerdo que cuando pedía algo a mi mamá o algún familiar, si no decía "por favor" y "gracias", no me daban aquello que pedía. Recuerdo a mi mamá esperando a que saliera un "por favor, mamá" y por obligación, tenía que terminarlo con un "gracias, mamá". Ahora de adulto es que entiendo el porqué lo hacía, y es que desde la casa debemos ser los primeros en enseñarles a nuestros hijos a ser personas de agradecidas. "Por favor y gracias", son palabras de poder.

Cómo olvidar aquel dinosaurio violeta (Barney) que tanta labor social didáctica realizó, era maravilloso. Cuando me siento a reflexionar sobre el agradecimiento, cada vez más me encanta poder actuar bajo ese valor. Estamos acostumbrados a la velocidad de las cosas, queremos todo rápido y aunque ya escribí de esto en otra reflexión, quiero hacerte mirar la otra cara de la moneda. Cuando nos acostumbramos a recibir todo de manera inmediata, valoramos menos lo que tenemos y lo que llegamos a ser. Nuestro cerebro procesa que merecemos las cosas a nuestro tiempo y antojo, ser agradecido es lo contrario a esta actitud arrogante y prepotente.

Tuve el placer de tener una maestra que me enseñó demasiado sobre este tema del agradecimiento. Ella nos decía que cuando estuviéramos en nuestro peor momento, cuando sintiéramos que no saldríamos de la situación, no existe mejor antídoto que el agradecimiento. Un versículo que me ha enseñado muchísimo, dice que el agradecimiento surge de una decisión y no de un sentimiento. Filipenses 4:6 dice: *"No se preocupen por nada. Mas bien, oren y pídanle a Dios todo lo que necesiten, y sean agradecidos"*.

Si ponemos esto en perspectiva, la realidad es que cuando estamos pasando situaciones difíciles nos resulta casi imposible ser agradecidos, sin embargo, debemos intentarlo. No estoy diciendo que ahora invalidemos nuestros sentimientos y estemos como que no pasa nada, viviendo en una total y completa fantasía, ignorando nuestra realidad. Lo que quiero que te lleves del agradecimiento es que puedas aceptar tu realidad (cualquiera que sea) y que agradezcas por ella (cualquiera que sea). Mientras más rápido aceptes y agradezcas esa situación adversa que atraviesas, más rápido entenderás y saldrás airoso de la misma. Quizá estés pensando que puedo estar loco y desquiciado, y puede que tengas razón, pero quiero que sepas que aceptar y

agradecer hace que tu visión cambie y seas más feliz en cualquier proceso que enfrentes. Al menos, esto es lo que yo he aprendido sobre cómo agradecer en cualquier temporada y momento que me encuentre. Como siempre les menciono, inténtalo y me cuentas, aunque sea en el cielo.

Lidera

Cualidad indispensable,
tan necesaria que es para todo.
Debes ser administrada,
pero a la manera correcta.

Levanta pasiones, visibiliza y
sirve desinteresadamente.
Encuentra su recompensa en Dios,
añade valor y primicias a la gente.

Empodera, enseña y modela.
Delega y no controla.
Disfruta ver a otros triunfar.
Aprende de otros y de sus errores.

Se desapega de los egos,
se enorgullece del colectivo.
Cuida de ti, sin ser tu papá y
te enseña a ser mejor cada día.

Te enseña a velar que todas las áreas
estén cubiertas y bien hechas.
Es maravilloso ser un líder proactivo.
Ahora, ¿quieres convertirte en uno?

Reflexión del autor

Si soy sincero, se me resulta muy difícil comenzar esta reflexión y es que esto del liderato es esencial e importante en este siglo contemporáneo que vivimos. Esta palabra es una que ha ido evolucionando y cambiando en base a la necesidad que enfrentamos como sociedad. El liderazgo que se ejerce hoy, no es el mismo que se ejerció en tiempos antiguos, ya que la sociedad era diferente a la de hoy y eso hay que establecerlo para poder tener este análisis.

Hablándote un poco de historia, el líder ha gozado de cambios significativos en torno a su ejecución y función, y es maravilloso saber que ha evolucionado y ha sabido atemperarse a este nuevo siglo. Según el diccionario, el líder se define como aquella persona que es vista para incentivar, motivar y ejercer influencia en el comportamiento o modo de pensar de su personal de equipo con el propósito de trabajar por un bien común. Si está bien liderar y tener el conocimiento de lo que hace un líder, más importante aún es saber cómo liderar y tener las destrezas para hacerlo.

En los tiempos antiguos, el líder era el que mandaba a hacer las tareas necesarias, sin tomar en cuenta que muchas personas no sabían realizar tal tarea; como decimos en Puerto Rico, lo tiraba a suerte y verdad (lo dejaba solo). El liderazgo de antaño, se disponía con la manera de ser del gobierno y como se movía la sociedad.

Como en los tiempos antiguos los gobiernos eran jerárquicos, así se ejecutaba el liderazgo, jerárquico. Por muchos años se ejecutó de esa manera, sin embargo, se dieron cuenta que no estaba funcionando, ya que el progreso colectivo se estancaba y no podía ser fructífero. La gente en la sociedad comenzó a revelarse porque querían una igualdad en términos laborales, personales y profesionales; muchas personas comenzaron a estudiar en cómo ser un líder efectivo y fructífero. Viendo esa necesidad de cambiar aquella mentalidad ambigua se crea la carta de derechos al ciudadano, las reglas laborales y el trato justo, tanto a hombre como a mujer. Al igual que se crea la manera en que un líder puede ser efectivo y llevar su empresa o trabajo a un nivel de rendimiento saludable, teniendo a sus empleadores trabajando saludablemente. Es triste que en la actualidad queramos liderar de esta manera tan dañina y horrible.

Te quiero compartir ahora la persona que me enseñó a ser un líder genuino y saludable, el tipo de líder que tanta falta nos hace en la sociedad a nivel mundial. Cuando conocí la historia de Jesús, reflexioné en su vida y ministerio, entonces supe cómo quería liderar de ahora en adelante dónde Él me pusiera. Este hombre revolucionó la manera de

liderar y cambió aquella manera tan jerárquica, a una mejor burocracia; hizo que hubiera una democracia a nivel mundial y eso es admirable.

No sé si te habías fijado, pero la cronología de la historia, el quehacer histórico se divide de la siguiente manera, A.C. y D.C y me parece fascinante este acontecimiento. Imagínense si este hombre revolucionó y cambió la historia a nivel mundial que los historiadores, sociólogos y antropólogos tuvieron que certificar que luego del nacimiento de este hombre, amigo para mí, el mundo no fue igual. Hubo un cambio a nivel social, político y me atrevería decir que hasta cultural. El mundo se reveló y vio que toda su historia y todas sus enseñanzas eran útiles, fervientes y atemperadas a la actualidad que se comenzaba a vivir para aquel entonces. Justo cuando todo comenzaba a ponerse difícil en la sociedad, vino este hombre que prometió y cumplió ese cambio que todos estaban esperando hacía siglos. Pudiera seguir hablando tantas cosas del liderazgo porque es un tema que se han hecho estudios, libros y como pueden leer, es un tema muy abarcador que conlleva mucho estudio y análisis. Sin embargo, quiero que te quedes con la siguiente invitación mía y de Dios para tu vida. Te tengo una gran noticia, tú puedes convertirte en este líder moderno del siglo contemporáneo, no es algo que está lejos de tu realidad, está muy cercano a ti. No necesitas tener estudios universitarios para poder ser un buen líder. Siempre aplaudo y apoyo el estudio, a lo que me refiero es que no necesitas tener estudios para poder ejercer el liderato correctamente, necesitas empezarlo desde ya y seguir practicándolo hasta que te hagas experto. Puedes convertirte en un líder excelente desde ahora, puedes cambiar tu historia si decides ser un líder proactivo, servicial y ejemplar en todo lo que te propongas.

Algo fenomenal que debes saber es que el líder lo es siempre y en todo momento, no solamente en su trabajo; el verdadero líder es capaz de liderar en su casa, su familia y su propia vida. De hecho, voy más profundo, lo que te da verdadero liderato es que reconozcas a otros cuando lideran, además de tener tu casa y vida en orden. Lo que destruye rápidamente tu liderazgo es que en la empresa seas una persona y en tu casa otra, la transparencia es lo que te llevará a ser un líder que todos quieran emular y seguir. La humildad, reconocer liderazgo en otros y ser accesible te llevará lejos.

Ahora a intentarlo. Espero que me avises cómo te va o, mejor aún, que pueda verte liderar de la manera correcta.

Esencia

Nos define, pero no nos gobierna.
Cuan necesaria es para todos.
Necesitamos aprender cada día más
sobre todo, cómo aplicarla a nuestro yo.

Saber quiénes somos nos ayuda demasiado,
nos saca de aprietos a la hora de decidir al futuro.
Nos complementa y decide nuestros gustos.
En la diferencia está la verdadera esencia.

Cada cual con la suya, mágica e interesante.
Maravilloso es que venga del Rey y que
podamos parecernos a Él, la verdadera esencia.
Esto es algo que debemos cuidar y cambiar
proactivamente.

Aquí está lo maravilloso del ser humano.
La esencia es lo que debemos construir a diario.
Qué queremos dejar y a quiénes es parte del
trabajo.
Trabaja y deja una buena esencia a los demás.

Reflexión del autor:

La esencia era un tema que, por lo general, yo les dejaba a las personas que estudiaban psicología o algo relacionado a la salud mental. Era un tópico al cual no le daba la importancia necesaria porque entendía que no lo ameritaba, pero como seguimos reflexionando en temas aleatorios, ¿por qué no tocar este?

Siendo bastante honesto, la sociedad tiene un mal concepto de lo que es la esencia, no me gusta hacer estos análisis generalizando, pero siempre me tomo el atrevimiento. Pienso que la esencia es un tema que pocas personas desean trabajar porque lo ven algo complicado, y en efecto lo es. Sin embargo, es menester dedicarle tiempo, más que para descubrirnos y ver quiénes somos, para ver qué legado puede dejar mi esencia en otros.

Cuando pienso en la esencia, en lo personal no paro de pensar en un bizcocho (pastel), sé que ahora mismo dijiste, enserio, ¿un bizcocho? Bueno, en lo personal me gusta comer y prefiero que tengas esta imagen en la cabeza para que puedas visualizar mejor a lo que me refiero con la esencia. Un dato que quiero contar es que mi papá es repostero, hace todo tipo de dulces y en esos, incluye lo que son los famosos bizcochos que es el ejemplo que daré.

Yo trabajé un tiempo con mi papá desde que tenía 8 años hasta los 15. Cuando comencé a trabajar con él esta fue la primera aseveración que me dijo: "un bizcocho siempre se hace con todos los ingredientes, si falta alguno, probablemente te salga mal o no quede con el mismo sabor". A lo que mi contestación, algo ingenua, salió casi gritada: "¡ay papá, por favor!, yo he visto personas que para poder completar los bizcochos o algún postre completan con otro ingrediente, si le faltase alguno". A lo que mi papá, en amor y con algo de autoridad, contestó: "por eso, hijo, pueden hacer el bizcocho y quizá le queden bien. Ahora, si no tienen los ingredientes completos no quedará igual, hablando en términos calificativos" (sabor, textura, tamaño). Todos los ingredientes ayudan a que la obra maestra (el bizcocho) quede bueno o tenga que echarse al zafacón. Realmente no tuvimos un intercambio muy efusivo, pero para mí era muy necesario tenerlo porque si quería trabajar con él, debía siempre estar pendiente a estos detalles para evitar malos entendidos y corajes.

No sé si entiendes la línea de pensamiento que quiero llevarte, la esencia debe ser como un bizcocho, si no están todas las cualidades, es poco probable que tu esencia no salga y no esté contigo donde quiera que vayas. Ahora de adulto, luego de poder realizar algunos postres para la venta y haciendo todo el proceso, entiendo la premisa de mi papá y veo que es ciertísima.

Permíteme contarte una pequeña anécdota para que entiendas mejor. Para la semana de Navidad del año 2020, realicé una venta de flanes con el propósito de generar finanzas durante el tiempo de receso navideño educativo. Como muchos maestros que trabajan en colegios, y más si estamos empezando, solo cobramos mientras estamos dando clases, pero una vez paramos de dar el servicio, no generamos ningún tipo de ganancia. Entonces, se me ocurrió hacer esta venta para tener un ingreso durante esa temporada. Hice una preventa y me encargaron 25 flanes, algo que para mí era muy complicado, ya que el lugar donde vivo es pequeño y no dispongo del espacio necesario para esa cantidad. Pero como me puse esa meta, sin velar esto desde un principio, ahí vi las consecuencias. Sin embargo, pude realizar los 25 flanes ya encargados previamente y cuando estaba haciendo la última ronda de flanes, me sobraron 5 potes de leches y pensé que debía usarlos para que no se dañaran. Abrí los cinco potes y los mezclé con parte de una mezcla que había realizado y cuando batí todo junto se veía muy aguado. Pensé, bueno hago esos 3 flanes adicionales por si acaso los vendo, ignorando completamente que la mezcla no se veía bien. Serví la mezcla líquida en el molde con el caramelo, los puse en el horno a la temperatura correcta y esperé a que se cocinaran

con la esperanza de que serían tres flanes más que podía vender. Para mi sorpresa, la mezcla estuvo casi tres horas en el horno, algo fuera de lo normal porque un flan está listo en una hora y media. Estos flanes nunca estuvieron listos. Al principio me frustró, ya que quería hacer más flanes para poder tener más ganancia, pero luego aprendí y dije: "papi tenía razón".

La esencia es aquello que tiene que estar en su justo balance para que salga lo verdadero que hay en nosotros. Lo bueno es que la esencia que tenemos viene de Dios y eso nos da seguridad para mostrarla tal y como somos. Sí, hay espacio para mejorar y más si nuestra esencia en vez de construir, destruye. Como mencioné en la reflexión arriba, siempre hay espacio para mejorar nuestra esencia y debemos trabajar a diario para ver qué esencia muestro y qué legado dejo en las personas que me rodean. Te animo a que muestres la verdadera esencia que Dios te dio, no te escondas ni quieras cambiar para complacer a otros. Ser como eres te dará la libertad de escoger y decidir correctamente para tu futuro. Dios te creó único y especial, así que muestra tu esencia a los cuatro vientos y déjate sentir.

Salud

Sin ella, será imprescindible la vida.
Muchos la pasan desapercibida.
Otros piensan que solo es una,
cuando en realidad, son tres.

Se cuida todo a la vez, porque somos tres.
Es muy valiosa y buena, como que fue creada
por el mismo Creador de todo y todo creado por
Él es bueno y tiene trascendencia.

Cada cual es diferente, pero tiene estándares.
Se debe entenderla bien para saber cuidarla,
siempre buscando el beneficio de la misma.
Es importante y necesario saber cuidarla.

Reflexión del autor:

Les puedo confesar que este tema de la salud, al igual que otras reflexiones que escribí era un tema bastante lejano a mí y que no atendía con regularidad. Por alguna razón extraña, siempre he tenido miedo de hablar sobre este tema, quizá debe ser por mi historia, la cual te contaré en breve. Sin embargo, ahora de adulto he tomado más conciencia sobre el tema y veo que la salud es un todo. La realidad es que mi historia no es la más fascinante ni la más aventurera, pero creo que es parecida a la de muchos. Crecí en un hogar cristiano, mis padres se esforzaron muchísimo para poder darnos lo que necesitábamos y para llegar a ser lo que somos hoy, hijos maravillosos.

Según mi mamá, su mayor deseo desde niña era convertirse en madre. Claro que dentro de esos sueños estaba trabajar y "hacerse una mujer hecha y derecha" como decimos en Puerto Rico, pero su mayor anhelo e ilusión era ser madre.

Para el embarazo de mi hermano todo fluyó con bastante normalidad, nació prematuro, pero estaba saludable. Sin embargo, conmigo la historia fue diferente y algo desafiante. Cuando nací, solo tenía 6 meses, eso podía implicar unas complicaciones de salud posteriores, debido a que algunos órganos de mi cuerpo no estaban totalmente desarrollados. Mi mamá rompió fuente a las 2:00 a.m., mi papá estaba alistándose para ir al trabajo, ya que al ser repostero trabajaba desde muy temprano. Mi mamá me cuenta, que los gritos de desesperación, angustia y ansiedad se hacían sentir en casi toda la casa.

Nací el 1 de abril del 1997, a los seis meses de gestación. Cuando el ginecólogo llegó para ver a mi mamá le dijo: "¿Tú vas a parir? Imposible, eso no puede ser, el embarazo es muy joven, es muy peligroso y hay muchos riesgos". Mi mamá, toda una guerrera de batalla, le dijo: "por ahí viene doctor, necesito sacarlo". Ya te podrás imaginar que pasó. Luego de un intercambio de palabras, el doctor me recibió muy preocupado, no solo por mi bienestar, sino por el de mi mamá, era demasiado peligroso para ambos. No solo nací prema-turo, sino que mi pulmón izquierdo se colapsó porque no estaba del todo desarrollado y ahí la historia se puso tensa.

Se podrán imaginar todo el corre y corre, para aquel entonces no había un neumólogo pediátrico en el hospital para que me pudiera operar de emergencia, sin ese pulmón funcionando no podía vivir. El ginecólogo hizo las gestiones para ver si lograba conseguir un amigo suyo, pero era de Isabela y yo estaba en Mayagüez; una distancia de 45 minutos en auto, pero me necesitaban operar de manera inmediata. El doctor, muy responsable, se puso en contacto con el neumólogo, quien logró llegar de

una distancia de 45 minutos en 10 minutos. Les cuento esto y parece ver que el héroe *Flash* existía para aquellos tiempos y fue ese doctor.

Cuando el neumólogo llegó al hospital, le dijo a mi mamá que tenía que operarme de manera rápida porque de lo contrario solo viviría unas horas y él quería que yo viviera. El doctor me llevó a sala de operaciones y le dijo a su asistente que debía hacerme una operación de colapso pulmonar, que es básicamente una reparación del pulmón, usando un tubo y un ventilador, ¡a sangre fría!

Me tuvieron que operar a sangre fría porque la anestesia que debían ponerme era espinal y no la iba a poder resistir por ser tan pequeño y prematuro. Todo esto estaba pasando, lejos de mi mamá y papá, ya que mi mamá se encontraba en recuperación y mi papá aún estaba de camino al hospital. Parece ser sacado de una película de ficción, pero no es así, fue la pura realidad y es mi historia. El doctor me operó y 23 años después estoy contándote esta maravillosa historia. Estuve tres meses internado en el hospital, luego continué con visitas de seguimiento para ver cómo continuaba mi pulmón. Este fue mi mayor percance de salud a nivel físico, luego cuando tenía 12 años me diagnosticaron ansiedad y a causa de eso tuve episodios de alta presión, entonces comencé un tratamiento para poder controlar mi pulso, que era lo que provocaba todo.

La realidad es que entiendo que el mundo de hoy está en un vacío muy profundo en este tema de la salud, piensan que salud es comer bien, hacer ejercicios y pensar positivo. No me malinterpretes, eso es parte de una rutina saludable y es indispensable tener esta rutina, pero esto no es lo único que debemos hacer para estar saludables. Quizá te suene cursi y algo aburrido esto que debo decirte, pero me tomaré el atrevimiento. Para estar saludable debes comenzar de adentro hacia afuera, debes vivir en salud para entonces poder predicar y hablar de la salud. Como mencioné arriba, la salud son tres aspectos: la salud física, emocional y espiritual. Debemos cuidar las tres a la vez y así lograremos ser unos entes saludables. Empieza por lo esencial, viviendo en salud y entonces estarás saludable, es un proceso; a mí me tomó muchos años poder entenderlo. La mayoría de las veces solo cuidaba que mis pensamientos fueran buenos, pero no me alimentaba correctamente ni siquiera oraba (espiritualidad) y ahí es donde está el error.

Debo entonces, en una rutina diaria, velar por la alimentación, el descanso, pensar positivamente y tener un tiempo para cultivar mi espiritualidad (orar, escuchar canciones y adorar a Dios) y así

puedes vivir en salud de una manera correcta y buena.

No piensen que ya soy el más saludable, nada más lejos a la realidad, sigo teniendo episodios de ansiedad y de alta presión, ahora, no dejo eso me tumbe ni me haga creer que no tengo una buena salud. Le digo a mi mente y a mi cuerpo "vamos mejorando" y así poco a poco puedo tener la salud que deseo; lo importante es trabajarla a diario y luchar por tenerla siempre. La clave está en hacer un poco día a día para que estés saludable en las tres áreas, como Dios manda. Inténtalo y espero que algún día me digas qué te pareció…

Equidad

Tantas opiniones de la misma.
Diversas quejas en su ejecutoria.
Muchas veces, impuesta de manera forzosa.
Sin embargo, la necesitamos inmediatamente.

No hay duda de que nos hace falta esta acción,
debemos verla de manera completa.
No solo ver un ápice, para ejecutarla
de manera auténtica.

No se trata de que a todos se les trate igual.
Lo que se busca es que todos sean incluidos
Desde su desigualdad, supliendo esa necesidad
para que sean funcionales en la sociedad actual.

Cuando se logre esta aseveración, todo cambia.
Cuando se mire a los más rechazados,
echamos pa'lante.
Lo que se busca desde hace tiempo,
es la equidad verdadera.
Incluye, ama y respeta, ahí está la equidad que
tanto se vocifera.

Reflexión del autor:

Este tema es uno que genera muchas controversias, muchas quejas y muchas habladurías, sin embargo, no podía dejar pasar la oportunidad para reflexionar sobre la equidad. Por mucho tiempo se ha hablado acerca de la equidad, de hecho, desde tiempos antiguos es un tema de lucha y que siempre se habla por doquier. Debo hacer la salvedad de que no quiero irme por una línea tajante, lo que busco con esta reflexión es que juntos podamos ver lo que es la equidad y por fin podamos verla en este mundo que es cada vez más separatista. Deseo hablarte un poco de historia, ya que considero que es menester recordar y ver nuestro pasado para imperar al futuro con buen ánimo.

Desde tiempos antiguos, siempre se ha buscado que cada uno de los individuos de una zona sea tratado de igual manera y esto surge debido a una conducta errada aplaudida en aquel entonces. Realmente no sé por qué ejecutaron con bombos y platillos aquella conducta machista que imperaba en la sociedad y que hace todo lo posible por per-noctar en la sociedad contemporánea. Esa conducta visible en aquellos tiempos nos hizo cuestionar y dar paso para lo que se busca a gritos: equidad. A causa de esta maquiavélica conducta, hubo muchas muertes y la jerarquía continuaba creciendo com-placiendo a diversos hombres e ignorando a centenares de mujeres. Esto pone en perspectiva, toda nuestra desesperación para que se pudieran ver hombres y mujeres con igualdad en toda nuestra vida integral.

Luego de guerras y de diferentes acciones para que se lograra ver la igualdad que tanto anhelaban, surge la historia de la Reina Ester (historia bíblica) que nos narra momentos maravillosos. Esta era huérfana y se casó con el rey Asuero (Jerjes 1), su historia es maravillosa, pero para efectos de la reflexión quiero resaltar un dato de su historia. Esta reina logró salvar al pueblo judío de una masacre en un momento en el cual las mujeres eran vistas como menos que el hombre. Fue un gran paso histórico y de equidad que en esos tiempos una mujer tuviera tanta influencia y asumiera un rol tan importante en la historia del pueblo de Dios.

Dios creó ambos sexos, por ende, ambos son importantes y se necesitan el uno al otro para vivir. Debo reconocer que en pleno siglo XXI, aún se necesita aceptar más y visibilizar la presencia de la mujer en la sociedad, sin embargo, no vengo a hablarte de esa equidad específicamente, porque ya se está viendo más su presencia y su esencia maravillosa. Lo que vengo a hablar es de esa equidad que de manera momentánea y contemporánea ha resurgido y que pide a gritos que de una buena vez sea aceptada, amada y valorada por todos. Vengo a hablarte sobre la equidad y acepta-

ción de cada uno por igual, sobrepasando nuestros límites en cualquier ámbito humano. Si bien es cierto que cada uno de nosotros es y piensa diferente, ¿por qué no aceptamos de una buena vez esa equidad que reina en la sociedad?

He aprendido con el tiempo que la verdadera belleza de los asuntos de la sociedad, radica en la diversidad, ahí es donde todos aprendemos y nos hacemos mejores. No estoy hablando sobre ideologías en torno a pensamientos humanísticos que imperan en la sociedad, hablo de lo que está científicamente probado y en ese tema, también hace falta la equidad. Reitero que debemos aceptar a quienes son diferentes a nosotros, aunque no concordemos con sus posturas, ideologías e impedimentos. Ya está bueno de tener contiendas por querer imponer a que los demás piensen o vean la vida como nosotros.

Como cristiano, deseo que toda mi familia sea cristiana y conozca al Señor como yo lo conozco, sin embargo, no es así. Mi familia reconoce a un Dios soberano, pero pocos tienen una relación amistosa con Él y no por eso los menospreciaré o prejuiciaré. Debo aclarar que todos los días oro por ellos para que puedan tener un encuentro con Jesús y lo acepten como su Salvador, pero no estoy de manera incisiva para que lo acepten porque yo deseo que lo hagan. Los amo como lo que son, personas diferentes a mí, a quienes el Señor ama por igual.

Otro tema candente es la preferencia u orientación sexual, un tema que desata muchas problemáticas en ambos sectores, el sector liberal y el religioso. Yo no estoy de acuerdo en las posturas de algunas personas de la comunidad "gay", sin embargo, los respeto. Hay diversos estudios que avalan que los humanos no portamos un gen "gay" y que, por lo tanto, el ser homosexual es más una preferencia que una orientación, ya que la persona decide que le guste el mismo sexo, no que está destinado a eso, como algunas personas lo quieren imponer. Aun así, yo respeto a cada uno de ellos por igual. No tengo por qué insultarlos ni darlos por menos, todo lo contrario, oro por ellos y soy intencional en darles el mensaje que yo creo, pero ellos al final deciden. Traigo este tema, porque creo que ellos también deben ser respetados y amados por nosotros, aunque no concordemos en muchas cosas. Pienso que quien sana y transforma es el Señor y que a través de nosotros Él puede manifestarse, pero debe darse de una manera democrática y no impuesta. Si me preguntan si los apoyo, la contestación es que no, porque no concuerdo en muchas cosas con ellos; si me preguntas que si los respeto y amo, ¡la contestación es que sí! Los amo porque a eso me manda el Señor, a amar, aunque yo no esté de acuerdo con su estilo de vida.

Te animo a amar a los demás, orar por ellos y que si ellos deciden cambiar estilos de vida porque entienden que es necesario cambiar, bienvenido sea el cambio. Pero que no sea impuesto ni adoctrinado, sino que se apadrine y se decida por convicción, por amor propio y por tener buenas nuevas cada día.

Estigma

A veces sin querer, a veces queriendo,
sin embargo y sin duda, lo hacemos.
Gastamos energías y hasta tiempo en esto.
Dándole opiniones a nuestros pensamientos.

La realidad estigmatizada es subjetiva,
es una labor que no me compete realizar.
Zapatero, a su zapato y este no es el mío.
Es una acción muy fea, se debe mejorar.

El estigma pone sellos y ya estamos
cansados de los sellos, YA NO MÁS.
Miremos más allá de la persona, ¡se puede!
Apreciemos lo que es invisible a los ojos,
cómo nos dice El Principito.

Hablemos más sobre la aceptación,
que de los sellos.
Apostemos más a la diferencia de criterio,
que el adoctrinar.
Iniciemos un cambio en la sociedad,
el estigma se debe anular.
Mejor apadrina estigmatizar el amor
es la clave para ello.

Reflexión del autor:

Cuando escuché la palabra estigma me pareció novel en mi vocabulario conceptual, como "nerd" y curioso que soy, rápido busqué lo que significaba y, en definitiva, quedé muy sorprendido por la definición. Quedé muy angustiado y un poco aludido a lo que esta palabra tan poderosa puede significar para la gente y cuánto poder negativo pudiera tener al estigmatizar.

Luego de ver sus diferentes usos y en la manera correcta de aplicar esta palabra, más anonadado quedé al ver que es una acción que hacemos a diario, sin darnos cuenta, estigmatizamos. Realmente es una pena darme cuenta que aún en este siglo la gente siga dejándose llevar por las emociones para estigmatizar. El estigma es el simple hecho de poner un sello a una persona, ya sea por cómo se ve, su estatus social, trabajo, ideal político, en fin, toda nuestra vida integral. Cuando incurrimos en tales acusaciones y en señalar lo que hace la otra persona por el simple hecho de que a mí no me parece bien, estamos estigmatizando y, por consiguiente, juzgando a los demás en base a lo que yo creo que está bien o está mal.

Este acto atroz, que no es nuevo, deja muchas marcas y cicatrices en las personas y muchas veces, sin darnos cuenta, en vez de construir en los demás, los destruimos con nuestros argumentos y estigmas. Es cierto que podemos tener ciertas opiniones en diferentes temas y en cómo nos manejamos en la vida y eso está bien y se respeta, sin embargo, el estigma va mucho más allá que una simple opinión. Para ser cónsono con otras reflexiones, hablaré un poco de historia. Esta conducta indecorosa comenzó hace muchos años, cuando las sociedades estaban resurgiendo y comenzaron a poblarse las ciudades y se fue construyendo el universo que hoy vivimos. Le gente comenzó a darse cuenta de que no todos nacían para lo mismo, unos podían estar en una finca todo el día y otros no, algunas personas podían construir, otros eran muy débiles para ese trabajo y fueron dándose cuenta de que la gente tenía diferentes gustos y formas de ver la vida (tal y como Dios nos creó). Por alguna razón, el hombre en la época antigua pensó que se podían realizar las tareas o los pendientes de una sola manera y ahí se descubrió la ingeniosa creatividad que Dios nos dio y vimos cuán únicos y especiales somos.

Debemos aprender la destreza de observar, apreciar y, sobre todo, respetar. Dios nos creó a su imagen y semejanza, pero nos dio cualidades diferentes y únicas, por eso, debemos apreciar y amar a todos por igual. Cuando estigmatizamos violamos este principio universal que Dios nos anima a hacer y es

la de amar al prójimo como a nosotros mismos. Se escucha bien en la teoría, pero en la ejecución del diario vivir es cuando nos pone a prueba el amar sin estigmas, sellos y/o prejuicios.

En mi pasado siempre estaba criticando y pasando juicio sobre otros o sobre decisiones y eso me hacía estar en un constante enojo y manipulación de las tareas y quehaceres diarios. Era una actitud súper incoherente, porque quería que me amaran y aceptaran tal como soy, sin embargo, a todo el que se me parara de frente o me hablara y estuviera en desacuerdo terminaba acusándolo (aunque fuera mentalmente). Jesús tuvo que trabajar tanto esta área de los estigmas en mi vida y aún lo sigue haciendo, porque no está del todo resuelta. Realmente aprendí que Dios nos ama como somos, Él no espera nada de nosotros para que tengamos su amor, nos ama porque sí y eso me hizo salir de estar estigmatizando a las personas. Cuando comprendí que Dios me ama como soy y que él ama a las demás personas como son, los juicios y los sellos fueron desapareciendo porque entendí que no tenía que hacer nada para merecer su amor y para mí, ahí está la clave del asunto.

Otro asunto de suma importancia es el amor propio, debes amarte para poder amar a los demás. Esa acción no es egocéntrica en lo absoluto, creo que has escuchado esta frase muy popular que no puedes dar de lo que no tienes o de lo que no conoces, pues lo mismo con el amor. Para poder aceptar y amar a los demás, debes aceptarte y amarte a ti primero.

Yo no soy psicólogo, pero conozco un poco acerca del comportamiento humano; el estigma tiene muchas raíces psicológicas fuertes y se basa en varias emociones, las dos más fuertes son el odio y el rencor. Cuando nuestro corazón tiene estas terribles emociones siempre vamos a estar poniendo un sello a la gente y creando estigmas innecesarios, por ende, lastimando a las personas. Te aconsejo que saques el estigma de tu cerebro, que aprendas a amarte y aceptarte primero, luego podrás ver en los demás aquello que quieres en ti. Quédate con esta frase y habré cumplido mi cometido con esta reflexión: **de lo que tienes en tu corazón, es lo que das a los demás.** Si en tu corazón permea odio, rencor, amargura, tristeza y todas esas emociones que no nos ayudan a ver lo bueno en los demás, entonces eso trasmitirás y mostrarás a Dios, y a tu prójimo. Sin embargo, si en tu corazón hay amor, paz, paciencia, mansedumbre y todos esos frutos que nos ayudan a ver lo mejor en nosotros y en los demás, entonces eso mostrarás y transmitirás. Es tu decisión cuál fruto vas a escoger y dejar en los demás, el del estigma o el del amor.

Servicio

El acto que se realiza a diario.
Cuan necesaria es su labor.
Inigualable e irrepetible su legado.
Que satisfacción tan grande provoca.

Te hace desprenderte de ti y tu egoísmo.
Te anima a velar y cuidar a los demás.
Es un empoderamiento dual y maravilloso.
Servir nos hace grandes, eso dicen por ahí.

Que maravilloso es ver su rostro alegre.
Que acción para ser única e increíble.
Ayudando a los más necesitados,
fijándose en los que nadie se fija.

Lo mueve la pasión y la entrega.
Público o privado, hazlo.
Haya gente o no, experiméntalo.
Practícalo y vive en él.

Reflexión del autor:

Definitivamente, este tema debía estar en mis escritos y es que no hay nada mejor que servir. El servicio debe ser un ejercicio indispensable en nuestra vida. Cuando era más pequeño en edad, porque siempre he sido grande en estatura, recuerdo que mis padres nos instaban a mi hermano y a mí a que ayudáramos en la casa, desde cualquier ámbito. En mi casa siempre podías escuchar frases como estas: "si me limpian todo y dejan todo recogido, los llevaré a comer helado" o tal vez algo como "tienes que ayudar en la casa para que seas un buen esposo y padre cuando crezcas". Ahora de adulto puedo ver lo necesario que fue que nuestros padres nos animaran desde pequeños a ayudar en la casa y así en cada lugar que iba podía colaborar, sin ningún tipo de problema. Claro, esa parte de ayudar para ganar un premio podemos debatirla, porque pienso que no es correcto, pero eso lo discutimos luego.

Primero, comenzaré por donde siempre se empieza, por el principio. El servir es un acto que podríamos estar horas y horas definiéndolo, hacer un libro completo de este tema, pero como siempre pongo en mis escritos la simpleza de los conceptos, pues ahí te va esta simpleza. El servicio es disponer todo tu sistema integral: físico, mental y emocional al servicio de los demás, para poder completar una

tarea, poder realizar una meta y ver resultados en un ambiente y trabajo en específico. Realmente, el servicio y el disponerse a los demás es una acción que debemos realizar a diario, debe ser esa primera nota del "to do list" que deberíamos realizar. El servicio es ese acto de ayudar y hacer labores, sin esperar nada a cambio, sin querer que te den algo o que te premien por hacer una labor. Reconozco que, sí es bueno darle algún tipo de recompensa a los pequeños por ayudar en la casa o realizar una labor fuera de la misma también, sin embargo, su motivación no debe estar en esa recompensa que le darán. Su recompensa debe estar en querer ayudar a las personas a que logren sus objetivos, en ver sonreír alguna persona y poder llegar a otros a través del servicio, no en su recompensa. Lo digo con el mayor de los respetos, pero cuando alguien presta su servicio a los demás, debe ser de manera desinteresada y porque realmente la persona desea ayudar y servir.

Si siempre estamos condicionando el servicio de las demás personas, el día que no reciban nada o que reciban lo que no desean, se apagará la llama en su corazón por el servicio y además estaremos trabajando de manera incorrecta. Esto es un paso práctico para cualquier situación de servicio, inclusive hasta para tu familia. El servir y ayudar a los demás, debe ser genuino, no condicionado al premio y a lo que me regalarán por hacer ese favor.

Cuando aprendamos esto, sin duda, veremos que el servicio es lo mejor para llegar al corazón de las personas.

El servidor público (persona que sirve) es una destreza que se desarrolla y, por ende, se aprende. Todos somos servidores públicos porque además de ser una rama laboral del gobierno, también describe a las personas que sirven y dan todo por el beneficio de los demás. Los beneficios del servicio son innumerables e inmutables, pero te voy a mencionar dos que considero son las más importantes. Lo primero es que puedes cambiar la vida de una persona. Como te mencioné, el servicio es un acto en el cual te desprendes de ti y te preocupas por ayudar y suplir las necesidades de los demás. Cuando las personas sienten que están siendo servidas, su estado de ánimo cambia porque se sienten amados, mimados, mirados e importantes y eso es la magia del asunto; poder, a través del servicio, cambiar el corazón y las vidas de las personas de una manera correcta y eterna.

El servicio también es una oportunidad increíble para mostrar el corazón de Dios a quienes estás sirviendo y eso es una respuesta inefable. Es una de las maneras más asombrosas de evangelizar a las personas para hablarles del amor de Jesús.

Jesús fue una de las figuras que más insistió e incitó al servicio de los demás y que fue ejemplo vivo de

esta maravillosa cualidad accionada. Su ministerio se basó en enseñar a las personas a amar y valorar a los demás, recorrió el mundo sirviendo en todo su ministerio, el cual duró tres años. Y para mí es increíble que durante todo su tiempo en el servicio de los demás, no hubo una sola queja ni argumento en no querer trabajar o servir a los demás. Esta es una de las claves para poder dar un servicio genuino y completo: la actitud del corazón. Jesús es mi ejemplo a seguir en el servicio y el poder dar un servicio de calidad y auténtico. La meta con el servicio, según como lo hizo Jesús y como yo lo experimenté, es poder dejar una huella profunda en cada persona a quien prestemos servicio, es una cuestión de poder ser intencionales y enfáticos en saber qué huella queremos dejar.

Como todo en la vida, tiene una mirada positiva y negativa. Si con nuestro servicio queremos que los demás se animen a hacer esta práctica del servicio o si queremos que lo odien por completo y se pierdan de unas de las acciones más increíbles que podemos hacer. Como servidor público que soy, qué huella y legado quiero dejar en las personas a través de mi servicio es indiscutiblemente la parte más importante. No quiero terminar esta reflexión sin antes dejarte unos pasos prácticos que me funcionaron para poder dar un mejor servicio a los demás.

Lo que comiences con alguien, termínalo- este paso es de suma importancia para poder cumplir con nuestro objetivo de servicio. Es malo y se ve mal que comiences un trabajo y lo abandones. Claro que surgen los imprevistos y a veces no sea posible culminar algunos trabajos que comenzamos, pero a la medida que te sea posible, culmina esa labor que comenzaste. Te irá súper y quedarás bien, y lo más importante, guardarás testimonio, como es debido.

Planifica antes de servir- en la mayoría de los casos, muchas veces queremos ir a las casas o a hacer el servicio público sin antes ver qué es lo que hay que realizar. Es vital y de suma importancia planificar antes de servir, tener ese primer encuentro con la persona, ver sus necesidades y luego ver cómo podemos concretar esa meta en común que se planificó. Te evitará estar improvisando y reinventando a último momento el servicio, con la planificación se llega más lejos, aunque tengas que esperar un poco más para servir.

Sé apasionado, amoroso y generoso- indiscutiblemente, hay un montón de cualidades que se pueden sugerir como ingrediente principal en el servicio, sin embargo, me parece que estas son indispensables. En el servicio se pueden levantar dos murallas; levanto la muralla correcta o la incorrecta, pero debo procurar levantar la correcta. Estas cualidades son inmutables en la hora de ejercer

servicio público, procura tener una buena actitud, ser muy apasionado (hacer las cosas bien) y ser amoroso (tratar bien).

Recuerda que todo lo que hagamos en el servicio, nos abrirá la puerta para poder seguir teniendo más oportunidades en el servicio, así que haz un buen servicio.

Iglesia

¡Qué maravilla saber lo que es!
Se debe cuidar y velar, porque es vital.
Entendiendo lo que es y para lo que fue
creada, entonces, veremos un buen fruto.

Cada cual tiene diferentes visiones,
pero solo una es la misión.
¡Qué privilegio el ser parte de ella!
Tú también puedes ser parte, ¿te animas?

Con ella la sociedad puede estar en paz.
Su cuidado es vital e inmutable para nosotros.
Nos anima a seguir cosechando,
anhelando, soñando.
Sin embargo, se trabaja de adentro hacia afuera.

Su historia es increíble,
sobreviviendo las peores batallas.
Creando historia,
ahora en esta etapa contemporánea.
Cuando comprendamos su importancia,
lograremos apreciarla.
Que bien se siente ser parte de la iglesia
que cambiará la historia.

Reflexión del autor:

La iglesia es un tema popular que la mayoría de los seres humanos alguna vez hemos escuchado, pero muy pocos se atreven a ser parte de ella. La realidad es que es una palabra muy variada y que en diferentes contextos culturales se usa de diversas formas y su aplicación por igual es distinta, sin embargo, su legado es uno y muy contundente. En este tema, sí me tomaré el atrevimiento de generalizar y es que todos en algún momento hemos escuchado la palabra iglesia o hemos sido parte de ella. Me resulta muy interesante la palabra iglesia además de su uso y, sobre todo, su etimología e historia antigua.

Es de suma importancia que para que se establezca el mensaje y quede claro hablemos un poco de historia, ya que como saben, para mí es lo que tiene más peso de estos escritos. Remontémonos a la antigüedad, la iglesia siempre ha sido ese lugar, refiriéndonos al lugar físico, que ha sido perseguido y marginado por la sociedad. Por alguna razón, la sociedad veía que estar juntos en un mismo lugar siguiendo a Jesús y practicando sus enseñanzas era malo. Siendo más certeros en este punto, hay un concilio de iglesias llamadas: "catacumbas" que sus inicios fueron debajo de la tierra. En ese lugar ellos se podían reunir y tener las adoraciones. Lograr congregarse en aquellos tiem-pos era muy difícil.

Hoy día, en algunos lugares del mundo, sigue siendo complicado para algunos cristianos. Esta acción tiene lugar en la parte asiática del mundo, en donde poder adorar a Dios y reunirse juntos en armonía resulta casi imposible, ya que las leyes gubernamentales y el adoctrinamiento puede más que la libertad.

Por mucho tiempo se esclareció y se vio como necesario el ir a un lugar y congregarse, ese lugar de cuatro paredes en donde se planifica una reunión para que se pueda tener una conexión espiritual y Dios pueda hablarnos. Para mí esta acción de ir a un lugar a reunirte con diferentes personas a buscar al Señor me parece muy necesaria y de suma importancia para nuestro caminar como cristianos. Sin embargo, me resulta muy interesante lo que Pablo (apóstol y erudito) menciona sobre lo que verdaderamente es la iglesia y lo que la compone. Con mucho fervor y entusiasmo, Pablo menciona en una de sus cartas que la iglesia se compone de nosotros mismos, usted y yo somos la iglesia y eso conlleva una responsabilidad. Esta responsabilidad de poder ser la iglesia de Cristo Jesús es muy buena, amena y, sobre todo, una muy valiosa porque en nosotros está que otros puedan acercarse a Jesús con entendimiento y esmero. En este siglo contemporáneo que nos encontramos, es menester entender y vivir como la iglesia de Cristo que somos, reconociendo y asumiendo este rol.

Pienso y me reitero, que es de suma importancia poder ir a un lugar y adorar juntos en armonía, de hecho, la Biblia lo sustenta. Sin embargo, es importante que sepas que también la iglesia somos cada uno de nosotros. Tenemos que cuidar nuestro templo que es nuestro cuerpo y poder vivir dando ejemplo de que somos una iglesia intachable y que buscamos siempre mejorar en nuestras vidas. Y como hermano en la fe te animo a que no esperes un domingo, sábado o cualquiera que sea tu día de reunión para adorar, exaltar y clamar a Dios. Como la iglesia que somos de Jesús, debemos buscar al Señor todos los días y cuidarnos a nosotros mismos; porque la iglesia es su mayor representación y, por ende, debemos representar a Jesús como es debido. Ya sabes, la iglesia somos cada uno de nosotros; Jesús estará muy agradecido y complacido de que lo representes de una buena manera.

Transiciones

Cuando nos toca, nos toca.
A veces de momento,
otras más planificadas .
No obstante, son tan necesarias.

No deberían ser un proceso malo,
todo lo contrario, debe fortalecernos.
Nos debe proyectar hacia lo mejor.
Con Dios de la mano todo es bueno.

Nos toca aprender, aunque no querramos.
Mirar la transición con los mejores ojos,
sin importar cuánto duela, es pasajero.
Saldremos airosos si hacemos las pases.

Entender la transición es mucho mejor.
Aunque no siempre la entiendas, camina.
Transiciona a lo que Dios dispuso para ti.
Camina, cambia y ajusta. Te irá bien.

Reflexión del autor:

Cuando escucho la palabra transición, realmente vienen muchos pensamientos a mi cabeza y las emociones comienzan a relucir y a dejarse sentir. Las transiciones y los cambios son indispensables en nuestras vidas. Es una acción que se refleja a diario y tiene un comienzo, pero no me atrevería a decir que tuviera un final, porque creo que realmente no lo tiene. Me parece que este tema de los cambios y transiciones durante el año 2020 fue uno pertinente y pudimos ver cómo es que realmente son los cambios. Antes quizá era un ápice o veíamos un poco de lo que significa esta palabra, pero sin duda alguna ese año de pandemia nos hizo ver lo que realmente son las transiciones y cambios.

Se trata de un constante cambio, de ver qué se puede mejorar y qué se debe quitar porque no funciona. Quiero dejarte saber que los cambios son procesos normales, a veces nos llegan de momento, otras conllevan una transición, pasos y procesos. En lo personal, era alguien que le temía a los cambios, esa inseguridad e incertidumbre de no saber qué va a pasar ni de tener el control, me aterraba. Creo que a todos nos pasa, pero hay personas que suelen tomar los cambios con más calma y hacen mejor las paces con la incertidumbre, mientras otros, como a mí, les toma mucho más tiempo asimilar los cambios. Realmente, no importa si te toma más tiempo comprender unos procesos más que otros, porque no todas las transiciones son iguales ni tienen el mismo valor sentimental. De seguro hay procesos en los que pudiste adecuar tus actitudes y pensamientos más rápidos, pero hubo otros que todavía sigues intentando aceptar y eso es normal. Lo que tienes que saber es que debes y, sobre todo, necesitas asumir ese cambio y tomarlo como un proceso normal y de beneficio para tu vida. Me parece que este año nos enseñó a transicionar y aprendimos que son procesos normales; entendiste que la vida es así. Hay otros procesos en los que necesitarás de alguien para poder asimilarlo y aceptarlo, y eso es importante. Reconoce que no puedes solo, que existen personas que quieren ayudarte en tu proceso para que salgas vencedor del mismo. Eso es una buena noticia y te la quise compartir primero, pero aquí te va otra que de primera intención parece negativa, pero para mí es más positiva que la primera. Debes aceptar que tendrás más de un proceso de cambio en tu vida y que debes enfrentarlo, de lo contrario, la vida misma, te hará pasar por el proceso y será un poco más difícil.

Como seres humanos, a veces postergamos unos procesos porque no nos sentimos listos o simplemente no queremos pasar por algo doloroso e inquietante. Sin embargo, te animo a que pases por el proceso, no importando cómo salgas de él.

Siempre el bienestar es lo mejor y muchas veces postergamos el proceso y ya no tenemos ese bienestar, sino un malestar muy grande. Te animo a que cuando te sientas listo, pases por ese proceso de transición para que llegues a un nuevo nivel en tu vida. No lo veas como un proceso malo y desequilibrante, puede que al principio te sientas perdido y sin sentido, pero sigue caminando; ya encontrarás el camino y el sentido. Pudiera seguir escribiendo acerca de este tema, pero quiero que te quedes con estas dos cosas: recibe el proceso de cambio con una buena actitud, deja la quejadera y ve lo bueno que puedes sacar de él. Ejércelo y asúmelo con una mejor actitud, fíjate que no dije bueno de nuevo, porque a lo mejor no es bueno lo que te está pasando. Pero, aun así, asúmelo mejor que como lo recibiste, échale ganas y ya verás cómo el Señor Jesús te va preparando para lo mejor y te acompaña en toda tu vida y procesos.

Reflexiona···

Lo más probable, es que esta última reflexión te parezca sin sentido e innecesaria, sin embargo, pienso que es menester hacerla. Quizá te parezca inverosímil que se pueda reflexionar de la palabra reflexión. Durante todo este proceso de escritura, estaba buscando la manera de como describir y escribir acerca de la misma palabra y aún tengo esa duda, pero tecleará unas letras a ver qué puede salir.

Puede sonar redundante esta mención de reflexionar sobre la reflexión, sin embargo, durante todo este proceso pude descubrir que esta palabra es una maravilla y se puede sacar tanto de ella, que quiero reflexionar sobre la acción de reflexionar. Quiero darte el permiso a que reflexiones cómo han sido tus reflexiones este último tiempo, siendo más específico, cómo estás reflexionando estas semanas. Has reflexionado porque tienes que hacerlo, o realmente quieres aprender de aquello que estás pensando y analizando. Son dos aseveraciones totalmente diferente, una es impuesta, y la otra nace de esa otra palabra maravillosa: libre albedrío (decidir por uno mismo). En este tiempo, me he puesto como meta diaria reflexionar de aquello que puedo tener el control y de lo que no; ha sido toda una aventura hermosa y de quebranto a partes iguales. Cuando estamos conscientes de que la

reflexión es lo que nos lleva a otro nivel, es lo que nos permite avanzar hacia nuestros sueños y metas, se vuelve algo normal el reflexionar a diario. Permite que puedas ver con mejores ojos cada evento que te pase en la vida y puedas identificar: esto estuvo bien, esto no y esto sin duda alguna, puede mejorar.

Algo que les digo a mis estudiantes, de manera jocosa, pero siendo bien intencional es "Dios hizo algo maravilloso con nosotros y fue darnos esa distinción a nivel cerebral, los seres humanos podemos reflexionar y los animales no". Si Dios nos dio esa capacidad maravillosa de poder analizar y pensar, por qué no lo hacemos. Queremos contestar precipitadamente, no nos permitimos disfrutar de cada detalle y damos todo por sentado. Puedo seguir mencionando razones y pudiera hacer un libro del porqué pasan tantas cosas que no nos damos el permiso de reflexionar en la acción que hacemos, en base a ese estímulo que respondemos. No quiero sonar aburrido, pero te animo a que puedas reflexionar en la acción de reflexionar. Que puedas ver más allá de lo que tienes en el momento, que puedas sentir más allá de tus emociones y que reflexiones por qué contestas de una manera y/o de otra. Que puedas analizar qué quieres hacer o lograr mañana, qué quieres dejar en el lugar que Dios te puso. Que reflexiones en tus actitudes y en cómo eso te está guiando o te está llevado a que eches a perder tu vida. Que puedas reflexionar en las diferentes transiciones que has tenido que pasar, ¿has aprendido de ello, le sacaste provecho, aunque fuera la peor temporada en tu vida? Si tu respuesta es no, ¿sabes qué? Te tengo una buena noticia. Hoy puedes hacerlo, hoy puede ser el día en que aprendas de algo que probablemente pasó hace tiempo. Si aún lo recuerdas y lo mantienes vivo en tu corazón, vive el momento, analiza cómo quieres responder y visualizar de ahora en adelante, y trabaja para ello. Como dicen por ahí de manera popular, nunca es tarde si la dicha es buena y créeme que cuando se trata de reflexionar, la dicha es más que buena; es buenísima.

Escribe tu propia reflexión

Made in the USA
Middletown, DE
09 October 2021